I delitti contro la Pubblica Amministrazione

SECONDA EDIZIONE 2024
AGGIORNATA ALLA '*RIFORMA NORDIO*'

ANGELO GIANNATTASIO

INDICE

3 DELITTI DEI PRIVATI CONTRO LA PUBBLICA AMMINISTRAZIONE

PREFAZIONE

Questo manuale è aggiornato alla L. 9.01.2019, n. 3 (recante *'Misure per il contrasto dei reati contro la pubblica amministrazione, nonche' in materia di prescrizione del reato e in materia di trasparenza dei partiti e movimenti politici'*) ed alla cd. 'Riforma Nordio' del 2023-2024 (governo Meloni – recante *'Modifiche al codice penale, al codice di procedura penale, all'ordinamento giudiziario e al codice dell'ordinamento militare'*, D.L. 92/2024').

Il taglio espressivo è volutamente tecnico-pratico, al fine del veloce apprendimento di quanto riportato.

Dopo una breve analisi delle generalità di tali fattispecie, comprensiva anche dell'esplicazione dei vari concetti di *'pubblico ufficiale'*, di *'incaricato di pubblico servizio'* e di *'soggetto (privato) esercente un servizio di pubblica necessità'*, il testo analizza singolarmente i vari delitti contro la P.A. (peculato, peculato d'uso, peculato mediante profitto dell'errore altrui, indebita percezione di erogazioni a danno dello Stato, concussione, corruzione nelle sue varie forme, induzione indebita a dare o promettere utilità, istigazione alla corruzione, le ipotesi di confisca, abuso d'ufficio, utilizzazione di invenzioni o scoperte conosciute per ragioni d'ufficio, rivelazione ed utilizzazione di segreti d'ufficio, rifiuto ed omissione di atti d'ufficio, rifiuto o ritardo di obbedienza del militare o dell'agente della Forza Pubblica, interruzione di un servizio pubblico o di pubblica necessità, disciplina delle cose sequestrate in un procedimento penale o dall'Autorità amministrativa, disposizioni patrimoniali).

Infine, l'ultima sezione è dedicata ai 'Delitti dei privati contro la Pubblica Amministrazione', ove sono stati esaminati - dopo una breve descrizione delle comuni generalità - la violenza o minaccia ad un pubblico ufficiale;

la resistenza ad un pubblico ufficiale; l'occultamento, la custodia o l'alterazione di mezzi di trasporto; la violenza o minaccia ad un Corpo politico, Amministrativo o giudiziario o ai suoi singoli componenti (ed aggravanti); il millantato credito; il traffico di influenze illecite; l'usurpazione di funzioni pubbliche; la reazione legittima ad atti arbitrari del pubblico ufficiale; l'oltraggio a magistrato in udienza; l'oltraggio a pubblico ufficiale.

1 GENERALITA'

Introduzione. Ultime novità normative

I delitti contro la P.A. ledono tanto l'attività amministrativa in senso proprio quanto l'attività legislativa e giudiziaria. Con la loro previsione, il Legislatore intende assicurare il regolare svolgimento ed il prestigio degli Enti Pubblici e dei soggetti che ad essi appartengono. Di recente, la materia è stata aggiornata principalmente dalla '*Legge Anticorruzione*' (L. 69/2015 – governo Renzi), dalla '*Legge Spazzacorrotti*' (L. 3/2019, del primo governo Conte) e dalla cd. '*Riforma Nordio*' (il cui D.D.L. recava '*Modifiche al codice penale, al codice di procedura penale, all'ordinamento giudiziario e al codice dell'ordinamento militare*'):

- *Principali interventi della L. 69/2015*: a) inasprimento sanzionatorio, ma favorendo al contempo la *resipiscenza,* allo scopo di rendere più agevole - attraverso opportuni incentivi - il disvelamento investigativo dei fenomeni corruttivi: infatti, l'art. 323-*bis* c.p. prevede oggi un sostanziale decremento sanzionatorio (da 1/3 a 2/3 della pena) in favore di chi concretamente si adoperi per evitare conseguenze ulteriori del reato, per consentire l'acquisizione delle relative prove e per far catturare i colpevoli, o per consentire la pubblica acquisizione del maltolto (mediante il sequestro delle relative somme o delle altre utilità trasferite); b) imposizione di condotte riparatorio-risarcitorie (art. 322-*quater* c.p.), sia attraverso la riparazione pecuniaria in favore dell'Amministrazione di appartenenza del reo, sia attraverso la sospensione condizionale della pena ed il patteggiamento, entrambi subordinati al compimento di condotte riparatorie; c) attribuzione di rilevanza alla concussione degli incaricati di pubblico servizio quali 'soggetti attivi' del reato (tornando all'impostazione della riforma del 1990);

- *Principali interventi della L. 3/2019*: a) significative innovazioni nella disciplina degli strumenti investigativi, sia modificando la disciplina delle operazioni di polizia 'sotto copertura' con l'introduzione del cd. *'agente sotto copertura'* al fine di contrastare alcuni reati contro la P.A., sia ampliando la sfera di utilizzo delle *intercettazioni* nei procedimenti per tali reati, anche mediante dispositivi elettronici portatili (si pensi al cd. *'trojan di Stato'*); b) inasprimento delle pene per i reati di *corruzione per l'esercizio della funzione* (oggi punita con la reclusione da 3 ad 8 anni; in passato da 1 a 6 anni) e di *appropriazione indebita* (oggi, reclusione da 2 a 5 anni + multa da € 1.000 ad € 3.000; in passato, reclusione fino a 3 anni + multa fino ad € 1.032); c) previsione del cd. *'daspo'* per i corrotti, per cui in caso di condanna superiore a 2 anni di reclusione diventano 'perpetue' sia l'incapacità di contrattare con la P.A., sia l'interdizione dai pubblici uffici. Inoltre, ha subito un notevole aggiornamento anche la disciplina della *riabilitazione*, che oggi non produce più effetti sulle pene accessorie una volta decorsi almeno 7 anni dalla stessa, con estinzione della stessa pena accessoria se il condannato abbia dato «prove effettive e costanti di buona condotta»; d) previsione di una causa di non punibilità per chi collabora con la Giustizia, a patto che vi sia *confessione spontanea da parte dell'interessato* prima di aver notizia delle indagini ed entro 4 mesi dalla commissione del reato; e) perseguibilità d'ufficio dei reati di corruzione e di istigazione alla corruzione tra privati; f) modifiche all'Ordinamento Penitenziario, per cui i condannati per alcuni reati contro la Pubblica Amministrazione non potranno accedere ai benefici ed alla misure alternative alla detenzione; g) introduzione di nuove disposizioni sui partiti politici, per cui ogni donazione a loro favore, se superiore ad € 500 annui, deve essere rendicontata con l'obbligo di pubblicare on-line il nome del soggetto che la effettua; i partiti e i movimenti politici, nonchè le liste di candidati sindaci che partecipano alle elezioni nei Comuni con più di 15.000 abitanti devono annotare in un apposito registro, entro il mese successivo, per ogni contributo ricevuto: l'identità dell'erogante, l'entità del contributo o il valore della prestazione o di altra forma di sostegno e la data dell'erogazione (tali dati dovranno altresì essere riportati nel rendiconto del partito o del movimento politico e pubblicati sul relativo sito internet, ove dovranno anche essere pubblicati il *curriculum vitae* dei propri candidati ed il relativo certificato penale, rilasciato entro 90 giorni dalla data della consultazione elettorale; h) modifiche alla prescrizione, che per i fatti commessi dopo il 1° gennaio 2020 rimane sospesa dalla data di pronuncia della sentenza di primo grado o dal decreto di condanna, fino alla data di esecutività della sentenza definitiva; i) importanti novità anche in tema di pene accessorie, con modifiche all'art. 317-*bis* c.p. (vedi *infra*).

Relativamente alle modifiche legislative del 2024 di cui alla cd. *'Riforma Nordio'* (D.D.L. C1718 approvato definitivamente il 10 luglio 2024, nonché D.L. 92/2024), con esse il Legislatore ha inteso:

- Rimuovere dall'ordinamento il delitto di 'abuso d'ufficio', previsto dall'articolo 323 del codice penale, abrogando tale disposizione e modificando l'art. 346-*bis* c.p. sul traffico di influenze illecite;

- recare alcune modifiche alla disciplina delle intercettazioni al fine di rafforzare la tutela del terzo estraneo al procedimento rispetto alla circolazione delle comunicazioni intercettate. Ciò in particolare introducendo il divieto di pubblicazione, anche parziale, del contenuto delle intercettazioni in tutti i casi in cui quest'ultimo non è riprodotto dal giudice nella motivazione di un provvedimento o utilizzato nel corso del dibattimento; in secondo luogo, introducendo la previsione dell'esclusione del rilascio di copia delle intercettazioni di cui è vietata la pubblicazione in caso di richiesta presentata da un soggetto diverso dalle parti e dai loro difensori; infine introducendo l'obbligo per il P.M. di stralciare dai cd. *'brogliacci'* espressioni lesive della reputazione o riguardanti dati sensibili di soggetti diversi dalle parti;

- intervenire in materia di misure cautelari, prevedendo l'istituto dell'interrogatorio preventivo della persona sottoposta alle indagini preliminari rispetto alla eventuale applicazione della misura cautelare e introducendo la decisione collegiale per l'adozione dell'ordinanza applicativa della custodia in carcere nel corso delle indagini preliminari;

- escludere il potere del P.M. di proporre appello avverso le sentenze di proscioglimento per i reati di cui all'articolo 550, commi 1 e 2, c.p.p. (dunque non trattasi di quelli 'gravi' ma solo di quelli 'a citazione diretta', quindi contravvenzioni ovvero di delitti puniti con la pena della reclusione non superiore nel massimo a quattro anni, o con la multa, sola o congiunta alla predetta pena detentiva; nonché ad esempio (ne cito alcuni della lunga lista) violenza o minaccia a Pubblico Ufficiale; resistenza a Pubblico Ufficiale; occultamento, custodia o alterazione dei mezzi di trasporto; interruzione di un ufficio o servizio pubblico o di pubblica necessità; oltraggio a un magistrato in udienza; esercizio abusivo della professione; violazione di sigilli; violazione della pubblica custodia di cose; falsa testimonianza; false dichiarazioni o attestazioni in atti destinati all'autorità giudiziaria o alla Corte penale internazionale; intralcio alla giustizia, induzione a non rendere dichiarazioni o a rendere dichiarazioni mendaci all'autorità giudiziaria; evasione, procurata inosservanza di pena; istigazione a delinquere; istigazione a disobbedire alle leggi; alterazione di monete; contraffazione di carta filigranata in uso per la fabbricazione di carte di pubblico credito o di valori di bollo; Fabbricazione o detenzione di filigrane o di strumenti destinati alla falsificazione di monete, di valori di bollo o di carta filigranata; etc...);

- apportare modifiche all'ordinamento giudiziario (R.D. n. 12 del 1941) in materia di tabelle infradistrettuali e in materia di criteri per l'assegnazione degli affari penali al giudice per le indagini preliminari conseguenti all'introduzione della composizione collegiale del giudice per le indagini preliminari;

- incrementare di 250 unità il ruolo organico della magistratura, da destinare alle funzioni giudicanti di primo grado;

- recare una norma di interpretazione autentica volta a chiarire che il requisito dell'età non superiore a 65 anni dei giudici popolari deve essere riferito esclusivamente al momento in cui il giudice viene chiamato a prestare servizio nel collegio;

- intervenire in materia di incidenza di provvedimenti giudiziari nelle procedure per l'avanzamento al grado superiore dei militari.

Per quanto specificamente d'interesse in relazione all'abrogazione dell'abuso d'ufficio ed alla modifica del testo normativo riguardante il traffico di influenze illecite, la riforma ne ha ridotto l'ambito di applicazione (il reato fu introdotto nel 2012 dalla 'legge Severino' per colpire la '*zona grigia*' tra criminalità e politica, adeguando l'Ordinamento italiano alle prescrizioni del Consiglio d'Europa). Prima delle modifiche, l'articolo 346-*bis* del codice penale puniva chi, «sfruttando relazioni esistenti o asserite con un pubblico ufficiale (...) indebitamente fa dare o promettere, a sé o ad altri, denaro o altro vantaggio patrimoniale come prezzo della propria mediazione illecita verso il pubblico ufficiale, (...) ovvero per remunerarlo, in relazione all'esercizio delle sue funzioni o dei suoi poteri». Il ddl ne ha ristretto i criteri, prevedendo che le relazioni tra il mediatore e il pubblico ufficiale debbano essere 'esistenti' e non più anche solo 'asserite', cioè millantate. L'utilità data o promessa, poi, deve essere 'economica': non basterà più uno scambio di favori non monetizzabile. Infine, e soprattutto, la nuova norma definisce il concetto di 'mediazione illecita', che è tale solo se finalizzata a commettere un reato.

Le pene accessorie in caso di condanna: l'art. 317-*bis* c.p., come modificato dalla L. 3/2019

L'art. 317-*bis* c.p. è stato recentemente modificato dal Legislatore del 2019 (governo Conte-I). In virtù del primo comma, salvo che per ottenere le prestazioni di un pubblico servizio, importa 'sempre' l'*interdizione perpetua dai pubblici uffici* e l'*incapacità di contrattare con la Pubblica Amministrazione* la condanna per i reati di peculato, concussione, corruzione per l'esercizio della funzione o per un atto contrario ai doveri d'ufficio (anche 'aggravata'), corruzione in atti giudiziari, induzione indebita a dare o promettere utilità, corruzione di persona incaricata di un pubblico servizio (con condanna anche per il corruttore), istigazione alla corruzione, anche se commessi da membri delle Corti internazionali o degli organi delle Comunità europee o di assemblee parlamentari internazionali o di organizzazioni internazionali e di funzionari delle comunità europee e di Stati esteri, nonché per il reato di traffico di influenze illecite.

È poi specificato, allo stesso primo comma, che se viene inflitta la reclusione per un tempo inferiore a 2 anni o se ricorre l'attenuante della *particolare tenuità del fatto* (e quindi «le pene sono diminuite»), la condanna importa l'interdizione e il divieto '*temporanei*', per un periodo tra i 5 e i 7 anni («non inferiore a cinque e non superiore a sette anni» recita la disposizione).

Il secondo comma stabilisce invece che quando ricorre l'attenuante dell'*essersi efficacemente adoperati per evitare che l'attività delittuosa sia portata a conseguenze ulteriori, per assicurare le prove dei reati e per l'individuazione degli altri responsabili oppure per il sequestro delle somme o delle altre utilità trasferite* - caso nel quale «da pena è diminuita da 1/3 a 2/3» (art. 323-*bis*) - la condanna per i delitti previsti nella disposizione da ultimo citata (elencati di seguito) importa le sanzioni accessorie di cui al primo comma, ma «per una durata non inferiore ad un anno né superiore ai cinque anni»: dunque, ciò varrà per il peculato, per il peculato mediante profitto dell'errore altrui, per la malversazione a danno dello Stato, per l'indebita percezione di erogazioni a danno dello Stato, per la concussione, per la corruzione per l'esercizio della funzione, per la corruzione per un atto contrario ai doveri d'ufficio, per l'induzione indebita a dare o promettere utilità, per la corruzione di persona incaricata di un pubblico servizio, per l'istigazione alla corruzione – anche se commessi da membri delle Corti internazionali o degli organi delle Comunità europee o di assemblee parlamentari internazionali o di organizzazioni internazionali e di funzionari delle comunità europee e di Stati esteri – nonché per l'abuso d'ufficio.

Di seguito, alcune interessanti massime relative all'art. 317-*bis* c.p.:

Cass. Pen., Sez. VI, 11.01.2023, sent. n. 14238: «La possibilità, per il giudice che emetta sentenza di patteggiamento per uno dei delitti contro la pubblica amministrazione di cui all'art. 445, comma 1-ter, cod. proc. pen., di applicare le pene accessorie previste dall'art. 317-bis cod. pen. opera, oltre che nel caso di patteggiamento ordinario, anche in quello di patteggiamento c.d. allargato, purché siano esplicitate, sia nell'uno che nell'altro caso, le ragioni di tale applicazione»;

Cass. Pen., Sez. VI, 16.02.2021, sent. n. 19108: «In tema di pene accessorie, la durata dell'interdizione temporanea dai pubblici uffici ex art. 317-bis cod. pen., va determinata in concreto, in base ai criteri di cui all'art. 133 cod. pen. e non mediante il ricorso alla perequazione automatica di cui all'art. 37 cod. pen., anche in caso di applicabilità, "*ratione temporis*", della formulazione dell'art. 317-bis precedente alle modifiche apportate dall'art. 1, comma 1, lett. m), della legge 9 gennaio 2019, n. 3»;

Cass. Pen., Sez. VI, 27.05.2020, sent. n. 16508: «In tema di pene accessorie, il giudice è tenuto a determinare la durata dell'interdizione dai pubblici uffici, in caso di condanna per uno dei delitti di cui all'art. 317-bis cod. pen., modulandola in correlazione al disvalore del fatto di reato e alla personalità del responsabile ai sensi dell'art. 133 cod. pen., sicchè la stessa non deve necessariamente essere pari alla durata della pena principale»;

Cass. Pen., Sez. VI, 12.09.2018, n. 5457: «In tema di corruzione, non trova applicazione nei confronti del corruttore la pena accessoria dell'interdizione perpetua dai pubblici uffici in caso di condanna per fatti commessi prima dell'entrata in vigore della legge 9 gennaio 2019, n. 3, dal momento che l'art. 317-bis cod. pen., nel testo antecedente alla novella, non conteneva alcun riferimento alla fattispecie di reato disciplinata dall'art. 321 cod. pen.»;

Cass. Pen., SS.UU., 14.03.2014, sent. n. 12228: «Sebbene l'art. 317-bis cod. pen., modificato dalla l. n. 190 del 2012, non prevede tra i reati che comportano l'interdizione dai pubblici uffici l'induzione indebita a dare o promettere utilità di cui all'art. 319 quater cod. pen., tuttavia deve ritenersi che a tale reato consegue comunque detta pena accessoria, trattandosi di reato commesso con abuso di poteri» (In motivazione la Corte ha precisato che la pena accessoria dell'interdizione dai pubblici uffici deve essere modulata nella sua durata in base alle norme generali di cui agli artt. 29, 31 e 37 cod. pen.);

Cass. Pen., Sez. III, 18.12.2009, sent. n. 48526: «Il principio di legalità della pena e quello di applicazione, in caso di successione di leggi penali, della legge più favorevole, operano anche con riguardo alle pene accessorie»: in conformità a detto principio, la Corte ha pertanto escluso l'applicabilità, con sentenza di applicazione della pena nel limite di due anni, delle pene accessorie di cui all'art. 609-*nonies* c.p. in relazione a fatti commessi prima dell'entrata in vigore della L. 38/2006 introduttiva di detta possibilità;

Il concetto di '*pubblico ufficiale*'

L'art. 357 c.p. stabilisce che agli effetti della legge penale è '*pubblico ufficiale*' chi esercita una pubblica funzione legislativa, giudiziaria o amministrativa. È '*pubblica*' la funzione amministrativa disciplinata da norme di diritto pubblico e da atti autoritativi, nonché caratterizzata dalla formazione e dalla manifestazione della volontà della Pubblica Amministrazione o dal suo svolgersi in base a *poteri autoritativi* o *certificativi*. Va chiarito che per '*poteri autoritativi*' si intendono anche tutte quelle attività che sono comunque esplicazione di un potere pubblico discrezionale nei confronti di un soggetto che non si trova su un piano paritetico rispetto all'Autorità. Va quindi da sé che l'elemento caratterizzante del pubblico ufficiale è l'esercizio di una *funzione pubblica* (concezione funzionale-oggettiva).

Una ulteriore precisazione: ai sensi della disposizione in esame è *'pubblico ufficiale'* non solo chi – con la sua attività – concorre a formare la volontà dello Stato o degli altri Enti pubblici, ma anche chi è chiamato a svolgere compiti ausiliari o accessori ai fini istituzionali degli stessi (Cass. 21088/2004). Ne discende che ogni atto preparatorio, propedeutico o accessorio, che esaurisca i suoi effetti certificativi, valutativi o autoritativi nell'ambito del procedimento amministrativo (pur se destinato a produrre *effetti interni* alla P.A., come nel caso degli *'interna corporis acta'*) comporta in ogni caso l'attuazione dei fini dell'Ente pubblico e non può essere isolato dal contesto delle funzioni pubbliche. Pertanto, deve considerarsi *'pubblico ufficiale'* anche il cd *'funzionario di fatto'*, ossia chi esercita una funzione pubblica in carenza di un'investitura formale, ma con la *tolleranza* o l'*acquiescenza* della P.A.: i suoi atti non saranno mai invalidi e sempre riferibili alla P.A. Inoltre, secondo Cass. Pen., 11.03.2015, n. 2032: anche il notaio «ha la qualifica di pubblico ufficiale non soltanto nell'esercizio del suo potere certificativo in senso stretto, ma in tutta la sua complessa attività, disciplinata da norme di diritto pubblico (legge notarile) e diretta alla formazione di atti pubblici (negozi giuridici notarili), ivi compresa l'attività di adempimento dell'obbligazione tributaria»;

Di seguito, alcune importanti massime giuridprudenziali relative alla disposizione in esame, inerenti anche quanto al prossimo paragrafo (sull'estensione della qualità di *'pubblico ufficiale'*):

Cass. Pen., Sez. VI, 28.02.2023, sent. n. 22004: «Riveste la qualifica di pubblico ufficiale il liquidatore del concordato preventivo con cessione dei beni, quale ausiliario designato dal tribunale con il decreto di omologazione, tenuto ad osservare le modalità di cessione in esso indicate e a periodico rendiconto, nell'ambito di una procedura avente, anche nella fase esecutiva, una componente di natura giurisdizionale, pur se concorrente con quella negoziale»;

Cass. Pen., Sez. VI, 17.11.2022, sent. n. 11341: «I consorzi di bonifica sono enti pubblici locali e svolgono attività destinata al perseguimento di scopi di pubblico interesse disciplinati da norme di diritto pubblico, sicché riveste la qualifica di pubblico ufficiale il presidente di consorzio, il quale, in quanto organo apicale, concorre alla formazione ed alla manifestazione della volontà dell'ente»;

Cass. Pen., Sez. VI, 30.03.2022, sent. n. 18031: «Riveste la qualifica di pubblico ufficiale l'ausiliario del curatore fallimentare che, pur in assenza di una nomina formale da parte di quest'ultimo, abbia assunto per fatti concludenti, ed in concreto esercitato, i compiti propriamente riconducibili al ruolo e alle funzioni del coadiutore del curatore nell'ambito della relativa procedura fallimentare»;

Cass. Pen., Sez. VI, 17.09.2020, sent. n. 28952: «In tema di reati contro la pubblica amministrazione, riveste la qualifica di pubblico ufficiale il medico che presta attività professionale presso una clinica convenzionata con il servizio sanitario nazionale, in quanto concorre a formare e a manifestare la volontà della pubblica amministrazione in materia di pubblica assistenza sanitaria, esercitando in sua vece poteri autoritativi e certificativi»;

Cass. Pen., Sez. V, 10.09.2020, sent. n. 34979: «In tema di reati contro la pubblica amministrazione, riveste la qualifica di pubblico ufficiale l'amministratore di enti assistenziali o previdenziali (nella specie, il presidente della cassa nazionale di previdenza dei ragionieri), essendo disciplinata da norme di diritto pubblico e soggetta a controllo contabile l'attività di raccolta dei contributi obbligatori e di erogazione dei trattamenti, nonché quella intermedia di gestione delle risorse finanziarie, rientranti nel conto consolidato dello Stato»;

Cass. Pen., Sez. V, 08.06.2020, sent. n. 17348: «Integra un'ipotesi di concorso in falsità ideologica in atto pubblico la condotta del proprietario di un autoveicolo che istighi il proprietario, amministratore o collaboratore di un'officina autorizzata alla revisione - investito, come tale, della qualità di pubblico ufficiale - ad attestare falsamente sul libretto di circolazione l'avvenuta revisione, dando atto che sono state compiute tutte le operazioni all'uopo necessarie, con esito positivo quanto alle prove di regolarità delle parti esaminate»;

Cass. Pen., Sez. VI, 17.09.2020, sent. n. 28952: «In tema di reati contro la pubblica amministrazione, riveste la qualifica di pubblico ufficiale il medico che presta attività professionale presso una clinica convenzionata con il servizio sanitario nazionale, in quanto concorre a formare e a manifestare la volontà della pubblica amministrazione in materia di pubblica assistenza sanitaria, esercitando in sua vece poteri autoritativi e certificativi»;

Cass. Pen., Sez. VI, 01.06.2018, sent. n. 24744: «Il progettista che, in virtù di un incarico di consulenza conferito da privati o da un ente territoriale, redige il programma integrato di riqualificazione urbanistica non riveste la qualifica di pubblico ufficiale in quanto detto atto diventa uno strumento urbanistico solo nel momento in cui è recepito dall'ente territoriale con una formale deliberazione»;

Cass. Pen., Sez. V, 12.10.2015, sent. n. 41004: «Ricorre la qualità di pubblico ufficiale in capo al protutore dell'incapace poiché questi esercita una funzione pubblica assimilabile a quella del tutore che rileva anche se esercitata in assenza di una designazione formale, ad eccezione dei casi di usurpazione di investitura»;

Cass. Pen., Sez. V, 22.07.2015, sent. n. 38466: «Il direttore di un istituto scolastico legalmente riconosciuto riveste la qualità di pubblico ufficiale, atteso che l'insegnamento è pubblica funzione e che le scuole secondarie private sono equiparate alle scuole pubbliche dalla legge 19 gennaio 1942, n. 86»: tale pronuncia avrebbe altresì chiarito la non obbligatorietà del registro elettronico;

Estensione della qualità di '*pubblico ufficiale*' ai sensi dell'art. 322-*bis* c.p.

L'art. 322-*bis* c.p. (oggetto, recentemente, di parziale modifica ex art. 9 D.L. 92/2024) assimila ai pubblici ufficiali i seguenti soggetti, se e quando svolgano funzioni corrispondenti (e agli incaricati di un pubblico servizio negli altri casi): a) membri della Commissione europea, del Parlamento europeo, della Corte di Giustizia e della Corte dei conti europee; b) funzionari e agenti assunti per contratto a norma dello statuto dei funzionari UE o del regime applicabile agli agenti UE; c) persone comandate dagli Stati membri o da qualsiasi Ente pubblico o privato presso le Comunità europee, che esercitino funzioni corrispondenti a quelle dei funzionari o agenti europei; d) coloro che, nell'ambito degli altri Stati membri dell'UE svolgono funzioni o attività corrispondenti a quelle dei pubblici ufficiali e degli incaricati di un pubblico servizio; e) giudici, procuratore, procuratori aggiunti, funzionari e agenti della Corte Penale internazionale; persone comandate dagli Stati parte del Trattato istitutivo della medesima Corte, che esercitino funzioni corrispondenti a quelle dei funzionari o agenti della Corte stessa; membri e addetti ad Enti costituiti sulla base del Trattato istitutivo della Corte Penale internazionale. Il presente elenco è solo parziale: cfr. disposizione in esame per quello completo.

È importante rilevare che la Suprema Corte – relativamente alla concreta applicazione dell'art. 322-*bis* – in un caso ha chiarito che «In tema di sequestro preventivo finalizzato alla confisca per equivalente ex art. 322-ter cod. pen., non possono essere considerate profitto del reato di peculato le somme corrispondenti alle ritenute fiscali operate dal datore di lavoro sulle retribuzioni corrisposte agli autori dell'illecito, in quanto, essendo versate in via immediata all'Erario, non entrano nella loro diretta disponibilità patrimoniale e non realizzano alcun vantaggio economico per gli stessi» (Fattispecie di sequestro di somme relative a voci stipendiali illecitamente percepite da dirigenti di un'azienda pubblica, disposto "al lordo" di imposte, tasse, oneri e ritenute, in cui la Corte ha precisato che i contributi previdenziali versati per conto dei dipendenti, esercitando effetti diretti sul loro trattamento previdenziale e pensionistico, costituiscono, invece, un vantaggio economico di diretta ed immediata derivazione causale dal reato): **Cass. Pen., Sez. II, 18.06.2019, sent. n. 26969.** In un altro caso, nel 2013, ebbe invece modo di chiarire che «Anche per il reato di corruzione internazionale, previsto dall'art. 322 bis c.p., trovano applicazione le regole dettate dagli artt. 7, 9 e 10 c.p., per cui, qualora il reato sia commesso in territorio estero, occorre, per la sua procedibilità in Italia, che vi sia la richiesta del Ministro della giustizia» (**Cass. Pen., Sez. VI, 25.02.2013, sent. n. 9106**)

Il concetto di *'persona incaricata di un pubblico servizio'*

La nozione di *'persona incaricata di un pubblico servizio'* è contenuta nell'art. 358 c.p.: agli effetti della legge penale, è tale chi, a qualunque titolo, presta un pubblico servizio (primo comma). Il secondo comma chiarisce che per *'pubblico servizio'* deve intendersi un'attività disciplinata nelle stesse forme della pubblica funzione ma caratterizzata dalla mancanza dei suoi poteri tipici e con esclusione dello svolgimento di semplici mansioni di ordine e della prestazione di opera meramente materiale. Ad esempio, secondo Cass. Pen., 16.04.2014, n. 28521, l'ausiliario del traffico «riveste la qualifica di incaricato di pubblico servizio all'atto dell'accertamento e contestazione delle violazioni attinenti al divieto di sosta nelle aree oggetto di concessione»;

Di seguito, alcune massime giurisprudenziali relative alla disposizione in esame

Cass. Pen., Sez. VI, 03.04.2023, sent. n. 23910: «In tema di reati contro la pubblica amministrazione, riveste la qualifica di incaricato di pubblico servizio il dirigente di una società "in house" - avente natura di impresa pubblica e forma giuridica privata - limitatamente alle attività direttamente correlate all'espletamento del servizio pubblico o con questo poste in rapporto ausiliario o strumentale»;

Cass. Pen., Sez. VI, 11.01.2023, sent. n. 1957: «Non riveste la qualifica soggettiva di incaricato di pubblico servizio il dipendente di una società privata concessionaria di un pubblico servizio che svolga mansioni esecutive e compiti meramente materiali»;

Cass. Pen., Sez. VI, 03.11.2022, sent. n. 45076: «Un Istituto pubblico di assistenza e beneficenza (IPAB), pur se operante in regime di diritto privato, ha natura di ente esercente un pubblico servizio qualora, in ragione delle finalità pubblicistiche delle sue iniziative, sia sottoposto alla vigilanza e al controllo dell'ente pubblico locale, con la conseguente attribuzione ai suoi organi della qualifica soggettiva prevista dall'art. 358 cod. pen.»;

Cass. Pen., Sez. VI, 14.12.2021, sent. n. 3932: «In tema di delitti contro la pubblica amministrazione, riveste la qualifica di incaricato di pubblico servizio il personale di comunità socio-assistenziale (nella specie, educatore professionale e consulente psicologo), che operi presso strutture accreditate con la Regione, siccome svolgente, in favore dei ricoverati, funzioni pubblicistiche preordinate alla tutela della salute individuale e collettiva e dotato del potere di adottare, in autonomia, provvedimenti conformativi dei comportamenti degli utenti, finalizzati al percorso terapeutico-riabilitativo di lungo periodo»;

Cass. Pen., Sez. VI, 30.06.2021, sent. n. 37076: «In tema di reati contro la pubblica amministrazione, riveste la qualifica di incaricato di pubblico servizio il legale rappresentante di una società "in house providing" a totalitaria partecipazione pubblica, deputata allo svolgimento di attività di pubblico servizio corrispondente a quello affidato all'ente pubblico controllante»;

Cass. Pen., Sez. IV, 19.02.2020, sent. n. 7566: «Riveste la qualifica di incaricato di pubblico di servizio il dipendente dell'Enel addetto al controllo e all'eventuale distacco del contatore, espletando un'attività non meramente materiale ma anche intellettiva di valutazione e di scelta strumentale all'esercizio del servizio pubblico di distribuzione dell'energia elettrica»;

Cass. Pen., Sez. VI, 26.09.2019, sent. n. 39434: «In tema di reati contro la pubblica amministrazione, l'attribuzione della qualifica di incaricato di pubblico servizio presuppone l'accertamento in concreto dell'attività svolta dall'imputato, essendo insufficiente a tal fine la mera sussistenza della qualifica di pubblico dipendente»;

Cass. Pen., 21.10.2014, n. 10124: «Il dipendente di Poste Italiane S.p.A. che svolga attività di tipo bancario (cosiddetto "bancoposta") non riveste la qualità di persona incaricata di pubblico servizio; con la conseguenza che l'appropriazione di somme dei risparmiatori commessa con abuso del ruolo integra il reato di appropriazione indebita e non quello di peculato»;

Il concetto di '*persona esercente un servizio di pubblica necessità*' (soggetti privati)

Il '*servizio pubblico*', che presuppone una vera e propria concessione amministrativa, va distinto dal '*servizio di pubblica necessità*', che invece esige un'autorizzazione amministrativa. La nozione di '*persona esercente un servizio di pubblica necessità*' è contenuta nel successivo art. 359 c.p., che fa riferimento a soggetti 'privati': infatti, agli effetti della legge penale, esercitano un servizio di pubblica necessità i privati che: a) esercitano professioni forensi o sanitarie, o altre professioni il cui esercizio sia per legge vietato senza una speciale abilitazione dello Stato, quando dell'opera di essi il pubblico sia per legge obbligato a valersi (elenco di cui al n. 1 della disposizione in esame); b) non esercitando una pubblica funzione, né prestando un pubblico servizio, adempiono 'un servizio dichiarato di pubblica necessità mediante un atto della Pubblica Amministrazione (a ciò abilitante): elenco di cui al n. 2. Tuttavia, anche i soggetti di cui al n. 1 possono essere *'pubblici ufficiali'* quando ne ricorrano gli estremi. Infatti, ad esempio è pubblico ufficiale l'Avvocato che autentica la firma di un suo cliente in calce alla procura elle liti, esercitando una potestà certificativa, come altresì il Sanitario che eserciti le funzioni di *'ufficiale sanitario'* di un Comune o le funzioni di *'medico condotto'*.

Si segnala, di seguito, una importante massima giurisprudenziale relativa alla disposizione in esame:

Cass. Pen., SS.UU., 23.01.2023, sent. n. 17814: «In tema di installazione di apparecchiature atte a intercettare, impedire o interrompere comunicazioni informatiche o telematiche, sussiste la circostanza aggravante di cui al combinato disposto degli artt. 617-quinquies, comma secondo, e 617-quater, comma quarto, n. 1, cod. pen., nel caso di apposizione, presso il "bancomat" di un istituto di credito, di un dispositivo (cd. "skimmer") finalizzato ad intercettare comunicazioni di dati, posto che l'attività bancaria di raccolta del risparmio costituisce, ai sensi dell'art. 359, n. 2, cod. pen., servizio di pubblica necessità, in quanto, pur avendo natura privatistica, siccome esercitata in forma di impresa da soggetti privati quali gli istituti di credito, corrisponde ad un interesse pubblico e il suo esercizio è subordinato ad autorizzazione ed è sottoposto a controllo da parte delle competenti Autorità amministrative»;

Cass. Pen., Sez. III, 20.05.2010, sent. n. 27699: «In tema di opere soggette a presentazione di denuncia di inizio attività (DIA), assume la qualità di persona esercente un servizio di pubblica necessità e risponde, quindi, del reato di falsità ideologica in certificati, il progettista che, nella relazione iniziale di accompagnamento di cui all'art. 23, comma primo, del D.P.R. n. 380 del 2001, renda false attestazioni, sempre che le stesse riguardino lo stato dei luoghi e la conformità delle opere realizzande agli strumenti urbanistici e non anche la mera intenzione del committente o la futura eventuale difformità di quest'ultima rispetto a quanto poi in concreto realizzato»;

Cass. Pen., SS.UU., 11.05.2002, sent. n. 18056: «Ai fini della legge penale, l'attività di assicurazione del rischio di responsabilità civile derivante dalla circolazione di veicoli e natanti rientra tra i servizi di pubblica necessità, in quanto la sua qualificazione in tal senso ad opera della legge 24 dicembre 1969 n. 990, che prevede come obbligatoria la stipulazione dei relativi contratti sia per gli utenti sia per le imprese di assicurazione autorizzate, soddisfa a fortiori il requisito, richiesto dall'art. 359 n. 2 c.p., del provvedimento amministrativo di dichiarazione di pubblica necessità del servizio».

Rapporto tra qualifica e fatto

La semplice qualifica, nell'agente o nella vittima del reato, degli *status* sin qui esaminati, non basta affinchè un determinato fatto possa ritenersi rientrante nelle fattispecie criminose previste nel Titolo II, dato che spesso occorre un particolare rapporto tra la qualifica ed il fatto, il quale può essere di tre tipi: a) *'di contestualità'*, per cui il fatto deve essere commesso contestualmente all'esercizio della funzione (es. peculato); b) *'di finalità'*, che esige che tra il fatto e la funzione ci sia un nesso finalistico (es. corruzione); c) *'di causalità'*, per il quale il fatto deve verificarsi a causa dell'esercizio o della funzione.

Cessazione della funzione

L'art. 360 c.p. chiarisce che, quando la legge considera la qualità di pubblico ufficiale, o di incaricato di un pubblico servizio, o di esercente un servizio di pubblica necessità come *elemento costitutivo* o come *circostanza aggravante* di un reato, la cessazione di tale qualità nel momento in cui il reato è commesso (consumazione) non esclude l'esistenza del reato stesso né la circostanza aggravante, ove il fatto si riferisca comunque all'ufficio o al servizio prestato.

Si ha quindi un'estensione dell'efficacia delle norme in esame al caso in cui il fatto sia commesso quando il soggetto abbia perso la qualità di pubblico ufficiale, ma a condizione che il reato si riferisca alle funzioni o al servizio, sia cioè in qualche misura connesso con le funzioni già esercitate dal soggetto.

Di seguito, due tra le più rilevanti massime giurisprudenziali in merito:

Cass. Pen., Sez. V, 21.01.2020, sent. n. 8430: «Ai fini dell'applicazione della disposizione di cui all'art. 360 cod. pen., il giudice deve individuare l'interesse pubblico protetto dalla norma incriminatrice e verificare se la condotta del soggetto attivo non più titolare, al momento del fatto, delle qualifiche di pubblico ufficiale, incaricato di pubblico servizio o esercente un servizio di pubblica necessità, abbia, nonostante la cessazione di dette qualifiche, concretamente leso o messo in pericolo l'interesse tutelato»;

Cass. Pen., Sez. VI, 04.07.2016, sent. n. 27392: «In tema di reati contro la P.A., la disposizione di cui all'art. 360 cod. pen., che prevede la configurabilità del reato anche nelle ipotesi in cui il soggetto investito del pubblico ufficio abbia perduto la qualifica soggettiva pubblicistica, costituisce una eccezione alla regola generale secondo cui tale qualifica deve sussistere al momento della commissione del reato, ne consegue che tale disposizione non è applicabile nei casi in cui il fatto commesso si riferisca ad un ufficio o servizio che l'agente inizi ad esercitare in un momento successivo»;

Riparazione pecuniaria

La Legge 69/2015 (cd. '*Anticorruzione*', governo Renzi) ha introdotto nel Codice Penale l'art. 322-*quater*, il quale stabilisce che - pur restando impregiudicato il diritto al risarcimento del danno - con la sentenza di condanna per uno dei reati contro la Pubblica Amministrazione[1] è '*sempre*' ordinato il pagamento di una somma pari all'ammontare di quanto indebitamente ricevuto dal pubblico ufficiale o dall'incaricato di un pubblico servizio, a titolo di riparazione pecuniaria, in favore dell'Amministrazione di appartenenza del condannato, oppure, in caso di corruzione in atti giudiziari, in favore dell'Amministrazione della Giustizia.

A ciò si aggiunge la sanzione patrimoniale della *confisca* del profitto, che è pertanto oggetto di specifica condanna finalizzata alla riparazione ed al ristoro dell'Amministrazione. Tale sanzione è però a carico solo del pubblico ufficiale o incaricato di pubblico servizio e non del privato corruttore.

---

[1] Trattasi, come sappiamo, delle seguenti fattispecie: peculato, concussione, corruzione per l'esercizio della funzione o per un atto contrario ai doveri d'ufficio, corruzione in atti giudiziari, induzione indebita a dare o promettere utilità, corruzione di persona incaricata di un pubblico servizio, anche se commessi da membri delle Corti internazionali o degli organi delle Comunità europee o di assemblee parlamentari internazionali o di organizzazioni internazionali e di funzionari delle comunità europee e di Stati esteri.

2 DELITTI DEI PUBBLICI UFFICIALI CONTRO LA P.A.

Peculato

Il *peculato,* disciplinato dall'art. 314 c.p., è un *'reato proprio'*, che – in qualità di '*agente*' o '*soggetto attivo*' - può essere commesso solo da un pubblico ufficiale o da un incaricato di pubblico servizio che, avendone il *possesso* o la *disponibilità,* si appropri del denaro o di altra cosa mobile della Pubblica Amministrazione, che ne costituisce l'oggetto. Trattasi di fattispecie finalizzata a tutelare il regolare funzionamento ed il prestigio degli Enti pubblici, ma altresì ad evitare danni patrimoniali alla Pubblica Amministrazione: pertanto è anche un *'reato plurioffensivo'*, attualmente punito con la reclusione da 4 anni a 10 anni e mezzo.

Per la configurazione della fattispecie, il denaro o l'altra cosa mobile altrui non devono però essere di esiguo valore (Cass. 47913/2004): pertanto, il pubblico ufficiale che si appropri di una *res nullius* non commette alcun reato. Quanto alla prerogativa dell'averne il possesso da parte dell'agente, essa deve riconnettersi a ragioni d'ufficio o di servizio: l'appropriazione può avvenire anche con atti dispositivi: si pensi ad esempio all'atto di ricognizione di un falso debito pecuniario posto in essere dall'amministratore di una società di gestione di un pubblico servizio. La *'ragione d'ufficio o di servizio'* presuppone un nesso causale fra il possesso del bene e l'esercizio della funzione.

Quanto alla *condotta*, *'appropriarsi'* vuol dire comportarsi nei confronti della cosa come se se ne fosse il proprietario, dunque *'uti dominus'* (si pensi all'alienazione, alla distruzione, alla mancata restituzione). Tale concetto ricomprenderebbe anche la condotta di *'distrazione'*, cioè l'imprimere alla cosa una destinazione diversa da quella consentita dal titolo del possesso. L'attuale formulazione normativa (Nordio) ha reintrodotto la condotta del *'peculato per distrazione'*, che si concretizza nell'indirizzare la cosa o il denaro a profitto proprio o altrui.

Consumazione, tentativo ed *elemento soggettivo.* Il peculato si consuma quando l'agente inizia a comportarsi *'uti dominus'* nei confronti dell'oggetto del delitto, ad esempio appropriandosene: tale appropriazione, anche quando non arreca danno al soggetto passivo (la P.A.) è comunque lesiva della sua legalità, della sua imparzialità e del buon andamento del suo operato, nonché degli ulteriori interessi tutelati. Il *tentativo* è senz'altro ammissibile, potendo la condotta del reo consistere in più atti. Quanto all'*elemento soggettivo*, si richiede il *'dolo generico'*, ossia la coscienza e volontà di appropriarsi dell'oggetto del reato, ritenendolo (con l'*animus rem sibi habendi*).

Quanto alle *circostanze*, se da un lato il reato è attenuato se il fatto è di particolare tenuità (art. 323-*bis*), da altro lato va detto che: a) non sono ipotizzabili per il delitto *de quo* quelle aggravanti di cui ai nn. 9 ed 11 dell'art. 61 c.p. (ossia quella dell'aver commesso il fatto con abuso dei poteri o con violazione dei doveri inerenti ad una pubblica funzione o ad un pubblico servizio e quella dell'aver commesso il fatto con abuso di autorità o di relazioni d'ufficio, per quanto qui interessa): ciò perché la qualità di pubblico ufficiale o di incaricato di pubblico servizio e l'abuso di tali qualità costituiscono di per sé elemento essenziale del reato; b) non vi sono dubbi sulla configurabilità dell'aggravante del danno patrimoniale di rilevante entità (art. 61, n. 7).

Di seguito, alcune massime giurisprudenziali relative alla disposizione in esame:

Cass. Pen., Sez. VI, 04.05.2023, sent. n. 24334: «E' configurabile il delitto di peculato in caso di appropriazione di un bene immateriale avente valore economico, quale un diritto di credito di cui la pubblica amministrazione abbia la disponibilità giuridica, realizzata mediante improprie operazioni di compensazione di tale diritto con debiti maturati verso l'amministrazione»;

Cass. Pen., Sez. VI, 13.04.2023, sent. n. 25173: «Non integra il delitto di peculato l'utilizzo di fondi di una società "in house", interamente partecipata da un comune, che provveda al perseguimento di finalità intrinsecamente pubbliche e di competenza dell'ente medesimo, in quanto difetta in tal caso alcuna forma di appropriazione, ovvero di distrazione del denaro pubblico per fini privatistici, ancorché possano ipotizzarsi irregolarità rilevanti sotto il profilo della responsabilità contabile»;

Cass. Pen., Sez. VI, 27.01.2023, sent. n. 11741: «In tema di peculato, il possesso qualificato dalla ragione d'ufficio o di servizio non è solo quello rientrante nella specifica competenza funzionale dell'agente, ma anche quello derivante dall'esercizio di fatto o arbitrario di funzioni che permetta di maneggiare od avere la disponibilità materiale del bene, senza che rilevi per la consumazione il rispetto o meno delle disposizioni organizzative dell'ufficio, dovendosi escludere il reato solo quando il possesso sia meramente occasionale, ovvero dipendente da evento fortuito o legato al caso»;

Cass. Pen., Sez. VI, 17.11.2022, n. 11341: «Ai fini della configurabilità del delitto di peculato mediante indebito utilizzo di fondi per il funzionamento dei gruppi consiliari regionali, è necessario che il pubblico agente abbia disponibilità diretta del danaro, con piena capacità di prelievo dal fondo svincolata da controlli preventivi, ponendosi invece il meccanismo di anticipo della spesa, con successiva richiesta di rimborso, in antitesi con tale nozione, pur mediata, di disponibilità»;

Cass. Pen, Sez. I, 5.10.2022, sent. n. 9991: «Integra il delitto di peculato e non quello di furto militare aggravato la condotta del militare che si appropri di una somma di denaro smarrita, affidatagli per ragioni di servizio dalla persona che l'aveva rinvenuta»;

Cass. Pen., Sez. VI, 29.09.2022, sent. n. 38339: «In tema di peculato per ritardato versamento, da parte del concessionario del servizio di ricevitoria del lotto, delle giocate riscosse per conto dell'Azienda Autonoma Monopoli di Stato, il reato non si perfeziona allo spirare del termine indicato nell'intimazione che l'amministrazione è tenuta ad inviare all'agente, ma allorquando emerga senza dubbio, dalle caratteristiche del fatto, che si è realizzata l'interversione del titolo del possesso, ovvero che il concessionario ha agito "uti dominus"»;

Cass. pen., Sez. VI, 03.05.2022, sent. n. 19424: «In tema di peculato, il possesso qualificato dalla ragione d'ufficio o di servizio non è solo quello rientrante nella specifica competenza funzionale dell'agente, ma anche quello derivante da prassi e consuetudini invalse nell'ufficio che permettano di maneggiare od avere la disponibilità materiale del bene, e che, dunque, trova nella funzione o nel servizio l'occasione del suo verificarsi»;

Cass. pen. Sez. VI, 30.03.2022, sent. n. 18031: «Integra il delitto di peculato - e non quello di omessa consegna o deposito di cose del fallimento, il cui elemento costitutivo è rappresentato dal ritardo nel versare le somme o altra cosa del fallimento a seguito dell'ordine del giudice, senza che le stesse siano entrate a far parte del patrimonio dell'agente - la condotta dell'ausiliario del curatore che abbia sottratto i beni della procedura fallimentare dopo averne assunto la funzione di custodia e non li abbia mai riconsegnati nonostante le richieste in tal senso rivoltegli dalla curatela»;

Cass. Pen. Sez. VI, 24.03.2022, sent. n. 15875: «In tema di peculato, è legittimo il diniego dell'attenuante del risarcimento del danno per avere l'imputato restituito la somma indebitamente trattenuta senza integrare la stessa con quanto dovuto a titolo di interessi, giacché l'art. 62, n. 6, prima parte, cod. pen. esige espressamente la integralità della riparazione del danno, in esso rientrando anche il mancato godimento del denaro temporaneamente ritenuto dall'imputato»;

Cass. Pen. Sez. VI, 10.03.2022, sent. n. 23792: «Commette il delitto di peculato il medico dipendente di ospedale pubblico che, operante in regime di attività di libero professionista intramuraria (c.d. "intramoenia" allargata), autorizzata presso il proprio studio privato, esegua le prestazioni sanitarie in uno studio diverso da quello oggetto dell'autorizzazione, omettendo di riversare alla Asl di appartenenza la quota dovuta sugli importi corrisposti dai pazienti, atteso che la disponibilità del denaro viene acquisita in ragione dell'ufficio ricoperto»;

Cass. Pen., Sez. VI, 16.02.2022, sent. n. 10624: «Integra il delitto di peculato la condotta dell'amministratore di sostegno che, essendo abilitato ad operare sul libretto di deposito postale intestato alla persona sottoposta ad amministrazione, si appropria delle somme di denaro giacenti sullo stesso (nella specie corrispondenti alla differenza contabile tra i prelievi e le spese documentate) per finalità non autorizzate e comunque estranee agli interessi dell'amministrato»;

Cass. Pen., Sez. VI, 15.02.2022, sent. n. 9213: «In tema di peculato, deve escludersi che permanga la rilevanza penale delle condotte di omesso, ritardato o parziale versamento dell'imposta di soggiorno, poste in essere dal gestore di una struttura ricettiva prima della data del 19 maggio 2020, atteso che l'art. 5-quinquies del d.l. 21 ottobre 2021, n. 146, convertito dalla legge 17 dicembre 2021 n. 215, ha espressamente attribuito valenza retroattiva, non solo alle modifiche introdotte, in tale data, dall'art. 180 del d. l. 19 maggio 2020, n. 34, convertito dalla legge 20 luglio 2020, n. 77 - il quale aveva assegnato la qualifica di responsabile d'imposta in capo a tale operatore turistico, a fronte della previgente disciplina che lo investiva, quale agente contabile, del servizio pubblico di riscossione del detto tributo - ma anche alla disciplina sanzionatoria amministrativo-tributaria correlata a tale mutata qualifica, in deroga agli ordinari criteri di diritto intertemporale in materia di illeciti amministrativi»;

Cass. Pen., Sez. VI, 12.01.2022, sent. n. 3683: «Integra il delitto di peculato la condotta di omesso versamento alla Regione, da parte dei responsabili della società convenzionata per la gestione del servizio di acquedotto, dei canoni di depurazione e fognatura riscossi dall'utenza, la cui natura di corrispettivo privato - e non di tributo - non esclude che si tratti di somme comunque spettanti "ab origine" alla Regione in virtù di un vincolo di destinazione originario ai fini di interesse pubblico, ai sensi dell'art. 155 del d.lgs. 3 aprile 2006, n. 152»;

Cass. Pen., Sez. VI, 7.12.2021 sent. n. 12492: «In tema di peculato, costituisce reato la condotta del gestore di una struttura ricettiva che ometta di versare al Comune le somme riscosse a titolo di imposta di soggiorno, pur realizzata prima delle modifiche introdotte dell'art. 180 del d.l. 19 maggio 2020, n. 34, convertito nella legge n. 77 del 20 luglio 2020, atteso che la novella non ha comportato una "abolitio criminis", bensì solo un fenomeno di successione di norme extrapenali, incidenti su elementi normativi della fattispecie relativi alla qualifica soggettiva del gestore»;

Cass. Pen., Sez. VI, 26.11.2021, sent. n. 3664: «In tema di indebito utilizzo di contributi erogati ai gruppi consiliari regionali, la prova del reato di peculato non può desumersi dalla mera irregolare tenuta della documentazione contabile, essendo necessario l'accertamento dell'illecita appropriazione delle somme, pur potendo l'assoluta inadeguatezza giustificativa del supporto contabile acquisire una valenza altamente significativa dell'utilizzo indebito del denaro, per l'impossibilità di collegare lo stesso alle funzioni istituzionali del gruppo»;

Cass. Pen., Sez. II, 14.04.2021, sent. n. 23769: «Integra il delitto di peculato per appropriazione la condotta del liquidatore di una società pubblica che, avendo per ragioni d'ufficio la disponibilità del denaro pubblico, si autoliquidi un compenso per l'attività svolta nonostante la precedente rinuncia allo stesso, effettuata con atto versato nella documentazione sociale, anche se non comunicato formalmente all'assemblea dei soci e al collegio sindacale»;

Cass. Pen., Sez. VI, 25.03. 2021, sent n. 16794: «In tema di peculato, riveste la qualifica di incaricato di pubblico servizio il titolare di una rivendita di tabacchi abilitato alla riscossione dei pagamenti del servizio di mensa scolastica per conto del Comune, trattandosi di attività che comporta maneggio di denaro pubblico, con i conseguenti obblighi di rendicontazione e poteri certificatori, svolta nell'interesse del soggetto esercente il servizio pubblico di refezione scolastica e costituente una modalità di esplicazione di quest'ultima, attraverso la raccolta dei contributi privati ad essa funzionale»;

Cass. Pen., Sez. VI, 2.03.2021, sent. n. 40595: «In tema di peculato, grava sulla pubblica accusa l'onere di provare il carattere indebito di spese pubbliche non riferibili ai fini istituzionali dell'ente, di cui sia stato richiesto il rimborso, non potendosi confondere i piani, tra loro distinti, della responsabilità contabile per danno erariale e della responsabilità penale [...] Non integra il delitto di peculato la condotta del consigliere regionale che, senza avere la disponibilità di fondi per il funzionamento del gruppo consiliare, ottenga rimborsi gravanti sul fondo del gruppo di appartenenza per spese non rimborsabili, potendo configurare il reato ex art. 314 cod. pen. solo la condotta appropriativa di denaro di cui il pubblico ufficiale abbia la disponibilità diretta»;

Cass. Pen., Sez. VI, 18.02.2021, sent. n. 15945: «Integra il delitto di peculato la condotta del medico il quale, nello svolgimento dell'attività libero - professionale consentita dal d.P.R. 20 maggio 1987 n. 270 (cosiddetta "intra moenia"), riceva personalmente dai pazienti le somme dovute per la sua prestazione, anziché indirizzarli presso gli sportelli di cassa dell'ente, omettendo il successivo versamento all'azienda sanitaria. (In motivazione, la Corte ha precisato che il medico, sia pur in via di fatto e senza essere a ciò espressamente tenuto, si ingerisce nell'incasso di somme appartenenti, almeno in parte, all'ente pubblico, delle quali ha avuto la disponibilità nello svolgimento del suo ufficio)»;

Cass. Pen., Sez. VI, 19.01.2021, sent. n. 45084/2021: «In tema di peculato, il possesso del bene oggetto di appropriazione presuppone un titolo di legittimazione che rinvenga la propria causa in disposizioni di legge od organizzative, non essendo sufficiente la mera disponibilità di fatto o occasionale, ovvero conseguente a un'espressa violazione delle norme disciplinanti il maneggio di denaro pubblico»;

Cass. Pen., Sez. VI, 14.01.2021, sent. n. 3601: «Integra il reato di peculato la condotta del pubblico agente che ritardi il versamento all'ente del danaro riscosso in ragione della funzione svolta oltre il ragionevole limite di tempo derivante dalla complessità delle operazioni di versamento o dalla necessità di attendere anche a doveri di ufficio di diversa natura. (Fattispecie relativa ad un impiegato dell'ufficio anagrafe di un comune che si era appropriato delle somme consegnategli dai privati a titolo di diritti di segreteria sulle carte di identità rilasciate, restituendole parzialmente solo dopo l'avvio di un procedimento amministrativo a suo carico)»;

Cass. Pen. Sez. VI, 5.11.2020, sent. n. 14402: «È configurabile il concorso formale tra il reato di peculato e quello di bancarotta fraudolenta per distrazione, in quanto essi si differenziano tra loro per il soggetto attivo, per l'interesse tutelato, per le modalità di aggressione del bene giuridico, per il momento della consumazione e per la condizione di punibilità, prevista solo in relazione al reato fallimentare»;

Cass. Pen., Sez. VI, 5.11.2020, sent. n. 6600: «In tema di peculato, riveste la qualità di pubblico ufficiale il direttore di un ufficio postale che si appropri di denaro prelevato direttamente dalla cassa ove confluiscano gli introiti delle operazioni inerenti ai servizi postali, avuto riguardo ai poteri di certificazione dallo stesso esercitati per le consegne o i versamenti di somme di denaro effettuati dagli utenti e per la contabilizzazione dei relativi passaggi o movimenti. (In motivazione, la Corte ha ritenuto sussistente il delitto di peculato nonostante che il denaro oggetto dell'appropriazione fosse destinato allo sportello bancomat, quale servizio di natura privatistica, essendosi l'appropriazione verificata prima ancora dell'inserimento del denaro nello sportello automatico, mediante la sottrazione dalla cassa dell'ufficio postale)»;

Cass. Pen., Sez. VI, 22.10.2020, sent. n. 34641/2020: «Integra il reato di peculato la condotta della guardia giurata che si impossessa di valori affidati alla sua custodia o vigilanza, in quanto l'appropriazione, sebbene posta in essere da un dipendente di una società privata, avviene in occasione dello svolgimento delle attribuzioni istituzionali previste dagli artt. 133 e 134 T.U.L.P.S., costituenti pubblico servizio»;

Cass. Pen., Sez. VI, 22.10.2020, sent. n. 30637: «Integra il delitto di peculato e non quello di truffa aggravata la condotta del pubblico ufficiale che si appropri di denaro pubblico anche nel caso in cui, per effetto delle norme interne dell'ente che prevedono l'intervento di più organi ai fini dell'adozione dell'atto dispositivo, il soggetto che formalmente emette l'atto finale del procedimento non concorra nel reato per essere stato indotto in errore da coloro che si occupano della fase istruttoria. (Fattispecie relativa all'appropriazione da parte del segretario di un IPAB di somme di pertinenza dell'ente, attraverso l'emissione di mandati di pagamento in proprio favore formalmente sottoscritti dal presidente, senza che quest'ultimo esercitasse alcun reale controllo sui presupposti dell'atto dispositivo)»;

Cass. Pen., Sez. VI, 23.09.2020, sent. n. 27910: «L'utilizzo di denaro pubblico per finalità diverse da quelle previste integra il reato di abuso d'ufficio qualora l'atto di destinazione avvenga in violazione delle regole contabili, sebbene sia funzionale alla realizzazione, oltre che di indebiti interessi privati, anche di interessi pubblici obiettivamente esistenti e per i quali sia ammissibile un ordinativo di pagamento o l'adozione di un impegno di spesa da parte dell'ente, mentre integra il più grave reato di peculato nel caso in cui l'atto di destinazione sia compiuto in difetto di qualunque motivazione o documentazione, ovvero in presenza di una motivazione di mera copertura formale, per finalità esclusivamente private ed estranee a quelle istituzionali. (Fattispecie in cui la Corte ha annullato con rinvio la condanna per peculato del presidente di un'azienda pubblica, rilevando che l'accertata violazione della normativa per la scelta della ditta appaltatrice e la mancata osservanza delle norme di contabilità, in assenza della prova della non corrispondenza dell'importo erogato al valore delle opere realizzate, avrebbero potuto integrare al più il reato di abuso di ufficio)»;

Cass. Pen., Sez. VI, 16.09.2020, sent. n. 29705: «Integra il delitto di peculato la condotta del custode, nominato dalla curatela fallimentare, che si appropri dei beni della società dichiarata fallita a lui affidati per la conservazione. (Fattispecie relativa alla sottrazione di beni mobili custoditi in una struttura alberghiera della società fallita, concessa in subaffitto al custode, in cui la Corte ha annullato con rinvio la sentenza di condanna per il contestato reato di bancarotta fraudolenta distrattiva, qualificando il fatto ai sensi dell'art. 314 cod. pen.)»;

Cass. Pen., Sez. VI, 4.03.2020, sent. n. 12087: «In tema di peculato, la prova dell'indebito utilizzo della carta di credito concessa per effettuare spese istituzionali può desumersi, quanto meno a livello indiziario, dalla omessa o insufficiente rendicontazione delle spese sostenute dal pubblico agente, di cui non si fornisca una puntuale giustificazione neppure in sede processuale, atteso che tale condotta è altamente sintomatica dell'avvenuta appropriazione. (Fattispecie in cui l'amministratore di una società per azioni, con capitale interamente pubblico, aveva effettuato spese di importo cospicuo mediante una carta di credito aziendale, anche in concomitanza di un viaggio privato all'estero e in prossimità della prevista interruzione del vincolo lavorativo, il che avrebbe impedito il recupero delle somme non rendicontate mediante compensazione con gli emolumenti dovuti)»;

Cass. Pen., Sez. VI, 16.09.2019, sent. n. 38260: «Integra il delitto di peculato per distrazione la condotta del dirigente di una società "in house" di un comune che utilizzi fondi dell'ente per provvedere al pagamento della sanzione amministrativa in materia antinfortunistica elevata al proprio dipendente, in assenza di un atto formale dell'organo amministrativo ricognitivo dell'esistenza di un obbligo giuridico o comunque di un interesse, concreto ed effettivo, a provvedere in tal senso. (In motivazione, la Corte ha precisato che sussiste l'interesse dell'ente a provvedere al pagamento della sanzione con effetto estintivo, ai sensi dell'art.24 d.lgs. 19 dicembre 1994, n.758, a condizione che la condotta illecita sia tale da comportare una responsabilità risarcitoria dell'ente ai sensi dell'art.2049 cod.civ.)»;

Cass. Pen., Sez. VI, 5.09.2019, sent. n. 37186: «Non è configurabile il reato di peculato nell'uso episodico ed occasionale di un'autovettura di servizio, quando la condotta abusiva non abbia leso la funzionalità della pubblica amministrazione e non abbia causato un danno patrimoniale apprezzabile. (Fattispecie in cui la Corte ha annullato senza rinvio la sentenza di condanna di un appartenente alla polizia di Stato che aveva utilizzato la vettura di servizio per accompagnare un amico, essendosi l'uso indebito del mezzo protratto per circa mezz'ora senza l'abbandono del percorso prestabilito per la sorveglianza di obiettivi sensibili)»;

Cass. Pen., Sez. VI, 8.07.2019, sent. n. 29887: «In tema di peculato, la sussistenza dell'indebita appropriazione non può essere desunta dall'importo "eccessivo" delle spese di rappresentanza di cui l'avente diritto ha chiesto il rimborso, allorquando la tipologia e l'importo delle spese siano stati prospettati all'ente chiamato al rimborso in maniera trasparente, senza che vi siano state condotte volte ad occultare od impedire il controllo sulla congruità delle stesse. (In motivazione, la Corte ha precisato che il rimborso di una spesa eccessiva può, al più, dar luogo a responsabilità contabile, senza che per ciò solo risulti configurato il reato di peculato)»;

Cass. Pen, Sez. VI, 18.06.2019, sent. n. 31920: «Il delitto di peculato per omesso versamento, da parte dal concessionario del servizio di ricevitoria del lotto, delle giocate riscosse per conto dell'Azienda Autonoma Monopoli di Stato si consuma allo spirare del termine indicato nella intimazione che l'amministrazione è tenuta ad inviare, realizzandosi in tale momento la certa interversione del titolo del possesso. (In motivazione, la Corte ha precisato che detto delitto di peculato si pone in rapporto di progressione criminosa con il diverso reato, conseguentemente assorbito, di cui all'art.8 della legge 19 aprile 1990, n.85, che si configura nel caso di iniziale ritardo del versamento oltre il termine di giovedì della settimana successiva a quella della raccolta delle giocate)»;

Cass. Pen., Sez. VI, 29.05.2019, sent. n. 23824: «In tema di peculato, la minima entità del danno patrimoniale arrecato alla pubblica amministrazione non esclude la configurabilità del reato, poiché l'atto appropriativo integra di per sè la condotta tipica, mentre, nel caso di peculato d'uso, la destinazione solo momentanea del bene a finalità diverse da quelle pubblicistiche richiede anche l'idoneità della condotta a determinare una apprezzabile lesione patrimoniale. (Fattispecie in cui la Corte ha ritenuto integrato il reato di peculato a fronte dell'appropriazione da parte del pubblico agente di un quantitativo minimo di carburante)»;

Cass. Pen., Sez. VI, 15.05.20190, sent. n. 21166: «Non è configurabile il delitto di peculato nel caso di inadeguatezza o incompletezza dei giustificativi contabili relativi a spese di rappresentanza del Comune, che non permettano di riferire gli esborsi a finalità istituzionali dell'ente, gravando sull'accusa l'onere della prova dell'appropriazione del denaro pubblico e della sua destinazione a finalità privatistiche»;

Cass. Pen., Sez. VI, 22.11.2019, sent. n. 52662/2018: «Risponde del reato di peculato e non di furto aggravato il cassiere dell'ufficio postale che, mediante l'utilizzo indebito dei codici di accesso al servizio on-line, si appropri del denaro versato sul libretto di deposito. (In motivazione la Corte ha precisato che la proprietà delle somme depositate dal titolare del libretto spetta all'istituto di credito, ai sensi dell'art. 1834 cod.civ., mentre il depositante ha solo il diritto alla restituzione)»;

Cass. Pen., Sez. VI, 5.11.2018, sent. n. 49990: «Integra il reato di peculato e non quello di indebita percezione di erogazioni a danno dello Stato la condotta del consigliere regionale che utilizza, per finalità estranee all'esercizio del mandato, fondi pubblici assegnati al proprio gruppo consiliare, dal momento che il predetto, avendo la giuridica disponibilità di tali fondi, senza necessità di compiere alcuna attività per conseguirla, se ne appropria illecitamente con il mero ordine di spesa. (Fattispecie relativa all'erogazione di contributi ai gruppi consiliari della Regione Lombardia sulla base della legge regionale n. 17 del 7 maggio 1992, che prevede la presentazione, da parte dei consiglieri, di documentazione giustificativa della spesa già sostenuta e riserva ai presidenti dei gruppi consiliari la sola rendicontazione annuale)»;

Cass. Pen., Sez. VI, 27.09.2018, sent. n. 42657: «Il dipendente in servizio presso un ufficio postale che svolge attività di tipo bancario/finanziario (cosiddetto "bancoposta") non riveste la qualità di persona incaricata di pubblico servizio, in quanto le relative attività sono chiaramente distinte dai servizi postali, sia perché disciplinate da differenti e specifiche normative di settore, sia perché separate dal punto di vista organizzativo e contabile, sicché l'appropriazione di somme di denaro dei clienti commessa con abuso del ruolo integra il reato di appropriazione indebita e non quello di peculato. (La Corte ha espresso il suddetto principio in relazione all'appropriazione di somme pagate tramite bollettino postale alla società Postel s.p.a., come rata di un finanziamento)»;

Cass. Pen., Sez. VI, 23.07.2018, sent. n. 34940: «Integra il reato di cui all'art. 314 cod. pen. la condotta del pubblico agente che consenta a terzi l'utilizzo di un bene pubblico per finalità personali qualora ciò determini una lesione dell'interesse al buon andamento della P.A., anche se la condotta non ha determinato alcun danno patrimoniale per l'ente»;

Cass. Pen., Sez. VI, 17.07.2018, sent. n. 33031: «In tema di peculato, rientrano nella categoria dei beni mobili suscettibili di appropriazione da parte del pubblico agente anche i beni immateriali, a condizione che gli stessi abbiano un diretto ed intrinseco valore economicamente apprezzabile. (Fattispecie relativa ad una banca dati informatica contenente l'anagrafe dei contribuenti di un Comune, predisposta dal concessionario del servizio di riscossione, che, in base alla previsione contrattuale, doveva essere restituita all'ente dopo la risoluzione del rapporto)»;

Cass. Pen., Sez. VI, 26.06.2018, sent. n. 29262: «La natura plurioffensiva del reato di peculato implica che l'eventuale mancanza di danno patrimoniale conseguente all'appropriazione non esclude la sussistenza del reato, atteso che rimane pur sempre leso dalla condotta dell'agente l'altro interesse protetto dalla norma, diverso da quello patrimoniale, cioè quello del buon andamento della pubblica amministrazione»;

Cass. Pen., Sez. VI, 13.06.2018, sent. n. 27202: «Non configura il delitto di peculato l'appropriazione, da parte del titolare ed amministratore di fatto di una Onlus, degli utili percepiti poiché non esercitando un servizio pubblico, i suoi responsabili non possono essere considerati incaricati di un pubblico servizio; né ai pagamenti ricevuti dall'ente pubblico può essere riconosciuta natura pubblicistica, in quanto tali esborsi, privi di qualsivoglia vincolo pubblicistico, costituiscono mero corrispettivo dei servizi resi dalla Onlus»;

Cass. Pen., Sez. VI, 04.05.2018, sent. n. 19484: «Integra il reato di peculato la condotta distrattiva del denaro o di altri beni che realizzi la sottrazione degli stessi alla destinazione pubblica e l'utilizzo per il soddisfacimento di interessi privatistici dell'agente, mentre è configurabile l'abuso d'ufficio quanto si sia in presenza di una distrazione a profitto proprio che, tuttavia, si concretizzi in un uso indebito del bene che non ne comporti la perdita e la conseguente lesione patrimoniale a danno dell'ente cui appartiene. (Fattispecie in cui la Corte ha ritenuto sussistente il reato di peculato a fronte della condotta del direttore generale di una società, incaricata dello svolgimento di un pubblico servizio, che aveva utilizzato denaro dell'ente per lo svolgimento di attività di ricerca i cui proventi - brevetti e prototipo di un macchinario industriale - erano rimasti nell'esclusiva titolarità dell'agente e di altri privati, anziché dell'ente che aveva finanziato la ricerca). —

Integra il delitto di peculato e non quello di truffa aggravata la condotta del direttore generale di una società per azioni, incaricata dello svolgimento di un pubblico servizio, che si appropri di fondi dei quali poteva disporre in ragione del potere di spesa attribuitogli in funzione della carica societaria ricoperta» (In motivazione, la Corte ha precisato che il reato di truffa aggravata è configurabile nella diversa ipotesi in cui il pubblico agente, non avendo il possesso del bene di cui intende appropriarsi, se la procuri fraudolentemente facendo ricorso ad artifici o raggiri);

Cass. Pen., Sez. VI, 20.09.2017, sent. n. 43133: «Integra l'appropriazione necessaria a configurare il delitto di peculato la vendita di un bene a un prezzo irrisorio, e non semplicemente di favore, del tutto sproporzionato al suo valore, compiuta nel contesto di procedure funzionali a gestioni liquidatorie di interesse pubblico» (Fattispecie relativa alla cessione di azioni di società pubbliche in liquidazione coatta amministrativa);

Cass. Pen., Sez. VI, 19.07.2017, sent. n. 35683: «Non è configurabile il delitto di peculato nel caso in cui non sia fornita giustificazione in ordine al contributo erogato per l'esercizio delle funzioni di gruppo consiliare regionale, non potendo derivare l'illiceità della spesa da tale mancanza, ma occorrendo comunque piena prova dell'appropriazione e dell'offensività della condotta quanto meno in termini di alterazione del buon andamento della P.A.» (Fattispecie relativa al c.d. contributo "unificato" corrisposto ai presidenti dei Gruppi dell'Assemblea Regionale Siciliana precedentemente all'entrata in vigore della l. n. 213 del 2012);

Cass. Pen., Sez. VI, 20.12.2016, sent. n. 53974: «Costituisce peculato ordinario e non peculato d'uso l'utilizzo continuativo e sistematico di un bene mobile della pubblica amministrazione, effettuato con criteri personalistici ed al di fuori di ogni controllo, tanto che non sia più possibile stabilire se ed in quale misura il bene rimanga ancora destinato a finalità pubblicistiche»;

Cass. Pen., Sez. VI, 04.09.2015, sent. n. 35988: «Integra il delitto di peculato la condotta del medico dipendente di un ospedale pubblico il quale, svolgendo in regime di convenzione attività intramuraria, dopo aver riscosso l'onorario dovuto per le prestazioni, omette poi di versare all'azienda sanitaria quanto di spettanza della medesima, in tal modo appropriandosene, a condizione che la disponibilità del denaro sia legata all'esercizio dei poteri e dei doveri funzionali del medesimo, e non in ragione di un possesso proveniente da un affidamento devoluto solo "intuitu personae", ovvero scaturito da una situazione "contra legem", priva di relazione legittima con l'oggetto materiale della condotta» (In applicazione del principio, la Corte ha annullato con rinvio la sentenza impugnata ritenendo che, pur essendo stata accertata l'illecita percezione di denaro e lo svolgimento dell'attività al di fuori delle regole prescritte per l'attività professionale "intra moenia", non fosse stato chiarito se l'imputato avesse un titolo di legittimazione in base al quale, operando all'interno di un ospedale pubblico, aveva riscosso le somme di denaro dai pazienti);

Cass. Pen., Sez. VI, 12.02.2015, sent. n. 9660: «In tema di peculato, il possesso qualificato dalla ragione dell'ufficio o del servizio non è solo quello che rientra nella competenza funzionale specifica del pubblico ufficiale o dell'incaricato di pubblico servizio, ma anche quello che si basa su un rapporto che consenta al soggetto di inserirsi di fatto nel maneggio o nella disponibilità della cosa o del denaro altrui, rinvenendo nella pubblica funzione o nel servizio anche la sola occasione per un tale comportamento»;

Cass. Pen., 15.12.2015, n. 50758: «Integra il delitto di peculato e non quello di truffa aggravata, la condotta dell'incaricato di pubblico servizio, dipendente di una ASL, che, preposto all'intero procedimento per il pagamento delle prestazioni ai medici ambulatoriali interni – comprensivo sia della fase accertativa della prestazione da riconoscere ai singoli professionisti, sia di quella dispositiva del denaro da erogare – fa confluire su conti bancari nella propria disponibilità parte del denaro, in quanto, per la natura ripetitiva delle voci di spesa e la tipologia delle verifiche di fatto demandate esclusivamente allo stesso, tale attività è sottratta ad una reale possibilità di controllo da parte della PA erogatrice e, dunque, è realizzabile senza la necessità di carpirne la volontà con artifizi e raggiri»;

Cass. Pen., Sez. VI, 24.02.2015, sent. n. 18015: «Risponde di peculato e non di truffa il dipendente pubblico che, a prescindere dal rispetto delle norme organizzative dell'ufficio, si appropria di denaro proveniente da privati (nella specie, destinato al pagamento di multe), a nulla rilevando l'esercizio arbitrario di funzioni diverse da quelle spettantegli. Ricorre, invece, la truffa se la condotta fraudolenta è finalizzata all'impossessamento del denaro di cui l'agente non ha già la disponibilità»;

Peculato d'uso

Il *peculato d'uso* è una figura criminosa che non vede seriamente compromessa la funzionalità della P.A., e si configura ove l'agente si appropri della cosa al solo scopo di farne un *uso momentaneo,* restituendola immediatamente, soggiacendo - in caso di condanna - alla pena della reclusione da 6 mesi a 3 anni (art. 314, secondo comma).

Va da sé che la durata dell'appropriazione non deve superare il tempo di utilizzazione del bene sottratto, il quale deve comunque essere in *rapporto di funzionalità* rispetto alla natura dell'uso momentaneo oggetto dell'appropriazione: ad esempio, se si usa il telefono d'ufficio a fini personali al di fuori dei casi d'urgenza o di specifiche e legittime autorizzazioni è integrato il peculato d'uso solo se tale uso produce alla Pubblica Amministrazione o a terzi un *danno patrimoniale apprezzabile* oppure una lesione concreta alla funzionalità dell'ufficio.

Come intuibile, si tratta di una figura autonoma di reato e non di un'attenuante del peculato, il cui oggetto possono essere solo le *cose mobili di specie*: qualora si trattasse di denaro o di cose generiche, si configurerebbe invece il peculato di cui al primo comma dell'art. 314 c.p.

Di seguito, due massime giurisprudenziali relative al '*peculato d'uso*':

Cass. Pen., Sez. VI, 14.01.2016, sent. n. 1327: «La condotta del pubblico ufficiale o dell'incaricato di pubblico servizio che utilizzi il telefono di ufficio per fini personali, al di fuori dei casi di urgenza o di specifiche e legittime autorizzazioni, integra il reato di peculato d'uso, purché produca un danno apprezzabile al patrimonio della Pubblica Amministrazione o di terzi, ovvero una lesione concreta alla funzionalità dell'ufficio»;

Cass. Pen., Sez. VI, 27.05.2014, sent. n. 39770: «Il peculato d'uso è una fattispecie autonoma di reato che ricorre allorché il colpevole abbia agito al solo scopo di fare un uso momentaneo della cosa, restituendola immediatamente dopo: al fine della sua configurazione è necessaria la preordinazione dell'appropriazione del bene ad un uso momentaneo della cosa, ossia ad un uso protratto per un tempo limitato, tale da non compromettere la funzionalità della pubblica amministrazione e l'immediata restituzione della cosa dopo l'uso momentaneo».

Indebita destinazione di denaro o cose mobili

La Riforma Nordio, con D.L. 92/2024 (recante '*Misure urgenti in materia penitenziaria, di giustizia civile e penale e di personale del Ministero della giustizia*', entrato in vigore il 5.07.2024), mediante l'art. 9 (modifiche al codice penale) ha inserito, dopo l'art. 314 c.p., l'art. 314-*bis*, rubricato '*Indebita destinazione di denaro o cose mobili*' in virtù del quale «Fuori dei casi previsti dall'articolo 314, il pubblico ufficiale o l'incaricato di un pubblico servizio, che, avendo per ragione del suo ufficio o servizio il possesso o comunque la disponibilità di denaro o di altra cosa mobile altrui, li destina ad un uso diverso da quello previsto da specifiche disposizioni di legge o da atti aventi forza di legge dai quali non residuano margini di discrezionalità e intenzionalmente procura a sé o ad altri un ingiusto vantaggio patrimoniale o ad altri un danno ingiusto, è punito con la reclusione da sei mesi a tre anni». Ancora non si registrano posizioni giurisprudenziali in merito, data l'assoluta novità normativa.

Peculato mediante profitto dell'errore altrui

Il *peculato mediante profitto dell'errore altrui* è regolato dall'art. 316 c.p., che punisce con la reclusione da 6 mesi a 3 anni il pubblico ufficiale o l'incaricato di un pubblico servizio che, nell'esercizio delle proprie funzioni o del servizio, giovandosi dell'errore altrui, riceva o ritenga indebitamente, per sé o per un terzo, denaro od altra utilità. Trattasi pertanto di una *forma attenuata di peculato,* caratterizzata dalla presenza dell'*errore* (sull'*an* o sul *quantum debeatur*) in cui cada colui che effettua la prestazione (ad es. un pagamento). Errore che non sia comunque dolosamente causato dal funzionario, altrimenti si avrebbe concussione.

In merito, si segnalano alcune importanti pronunce:

Cass. Pen., Sez. VI, 01.10.2020, sent. n. 35787: «Integra il reato di peculato mediante profitto dell'errore altrui la condotta dell'addetto all'ufficio urbanistica comunale, incaricato di svolgere l'istruttoria delle pratiche per il rilascio dei permessi a costruire, che, "in occasione" dell'esercizio delle sue funzioni, si appropri di somme di danaro versate da privati nell'errata convinzione di assolvere al pagamento di oneri dovuti»;

Cass. Pen., Sez. I, 30.03.1999, sent. n. 4074: «La qualità di persona offesa dal reato compete esclusivamente al titolare dell'interesse direttamente protetto dalla norma penale e non coincide con quella di danneggiato. Nei reati contro la pubblica amministrazione «persona offesa» è soltanto quest'ultima, mentre «danneggiati» possono essere i soggetti che solo di riflesso e in via eventuale subiscono un pregiudizio dalla azione delittuosa. Pertanto, in caso di peculato mediante profitto dell'errore altrui (art. 316 c.p.), il cassiere della Banca d'Italia che, in occasione di un pagamento, corrisponda, per errore, al soggetto attivo del reato somme eccedenti quelle dovute, appartenenti all'amministrazione finanziaria, non può considerarsi persona offesa dal reato, ma solo «danneggiato» dal reato (se l'Istituto di emissione gli chieda la rifusione di dette somme), con l'ulteriore conseguenza che il reato di peculato non può considerarsi aggravato ai sensi dell'art. 61, nn. 7 e 10, per non essere detto cassiere «persona offesa» e per non essere stato consumato il reato «contro» costui, ma contro l'amministrazione finanziaria dello Stato»;

Cass. Pen., Sez. I, 04.06.1996, sent. n. 5515: «Il reato di cui all'art. 316 c.p. (peculato mediante profitto dell'errore altrui) si può configurare esclusivamente nel caso in cui l'agente profitti dell'errore in cui il soggetto passivo già spontaneamente versi, come si desume dalla dizione della norma incriminatrice («giovandosi dell'errore altrui», cioè di un errore preesistente ed indipendente dalla condotta del soggetto attivo); e non ricorre, pertanto, nel caso in cui l'errore sia stato invece determinato da tale condotta, ricadendo in tal caso l'appropriazione commessa dal pubblico ufficiale o incaricato di pubblico servizio nella più ampia e generale previsione dell'art. 314 c.p., rispetto alla quale quella dell'art. 316 costituisce ipotesi marginale e residuale».

Indebita percezione di erogazioni a danno dello Stato

L'*indebita percezione di erogazioni a danno dello Stato* è un 'reato comune', potendo essere astrattamente commesso da *'chiunque'*. Tale reato è disciplinato dall'art. 316-*ter* c.p., il quale prevede una diversa disciplina a seconda dell'entità del danno causato allo Stato. Infatti, in virtù del primo comma, chiunque, mediante l'utilizzo o la presentazione di dichiarazioni o documenti falsi o attestanti cose non vere, oppure mediante l'omissione di informazioni dovute, consegue indebitamente per sé o per altri contributi, finanziamenti, mutui agevolati o altre erogazioni dello stesso tipo, comunque denominate, concessi o erogati dallo Stato, da altri Enti pubblici o dalle Comunità europee è punito con la reclusione da 6 mesi a 3 anni, e salvo che il fatto costituisca *'truffa aggravata per il conseguimento di erogazioni pubbliche'* (di cui all'art. 640-*bis,* che in tal caso prevede la pena più aspra della reclusione da 2 a 7 anni, imponendo di procedere d'ufficio: da ciò è facile intendere il carattere sussidiario dell'indebita percezione, che sussiste solo quando il fatto non integri il reato p. e p. dall'art. 640-*bis*). L'ultimo periodo del primo comma precisa che se il fatto è commesso da un pubblico ufficiale o da un incaricato di un pubblico servizio abusando della sua qualità o dei suoi poteri, la pena è della reclusione da 1 a 4 anni (disciplina recentemente aggiornata dalle modifiche introdotte con L. 3/2019).

Il secondo comma precisa però che quando la somma percepita è pari o inferiore ad € 3.999,96 si applica soltanto la sanzione amministrativa da € 5.164 ad € 25.822, chiarendo che tale sanzione non può comunque superare il triplo del beneficio conseguito.

La *condotta* è ben descritta dal testo normativo: può dunque trattarsi sia di falsità materiali (es. un documento non genuino poiché contraffatto o alterato), sia di falsità ideologiche (es. una dichiarazione non corrispondente al vero o un documento contenente un'affermazione non corrispondente al vero). Il reato in esame può configurarsi anche quando si omettano delle informazioni dovute.

Elemento soggettivo, consumazione, tenuità del fatto. L'elemento soggettivo-psicologico richiesto per l'integrazione della fattispecie è il *'dolo specifico'* (il fatto 'deve' essere commesso *al fine di ottenere l'erogazione*). Elemento soggettivo che è tuttavia escluso in caso di *errore* sulla genuinità del documento o sulla veridicità della dichiarazione in esso contenuta. Quanto alla *consumazione*, essa si verifica al conseguimento indebito del beneficio (contributo, finanziamento, mutuo agevolato o altre erogazioni), purché di entità superiore ad € 3.999,96, altrimenti sussisterà solo un illecito amministrativo e si applicherà la predetta sanzione amministrativa di cui al secondo comma. In caso di condotte frazionate nel tempo, il momento consumativo del reato coinciderà con la cessazione dei pagamenti, momento dal quale decorrerà anche la prescrizione (Cass. 48820/2013). Il *tentativo* è senz'altro configurabile. In virtù dell'art. 323-*bis*, se il fatto è di particolare tenuità il colpevole beneficerà di una riduzione di pena fino ad 1/3.

Di seguito, alcune massime circa la disposizione in esame:

Cass. Pen., Sez. VI, 01.02.2023, sent. n. 8693: «In tema di indebita percezione di erogazioni in danno dell'Unione Europea, il procuratore europeo delegato è competente a chiedere o a disporre una delle misure investigative di cui all'art. 30, par. 1, del regolamento UE 2017/1939, ivi compreso il sequestro preventivo a fini di confisca, diretta o per equivalente, del profitto del reato ex art. 322-ter cod. pen., anche nell'ipotesi in cui esso sia inferiore ad euro 100.000,00 e non sia, pertanto, configurabile, l'aggravante di cui all'art. 316-ter, comma primo, ultimo periodo, cod. pen., posto che la citata disposizione eurounitaria va intesa come non escludente l'operatività delle anzidette misure investigative in relazione a reati puniti con pena meno grave di quella comminata per l'indicata ipotesi aggravata»;

Cass. Pen., Sez. VI, 30.11.2022, sent. n. 9060: «Il reato di cui all'art. 316-ter cod. pen. si consuma nel luogo in cui il soggetto pubblico erogante dispone l'accredito dei contributi, finanziamenti, mutui agevolati o altre provvidenze in favore di chi ne abbia indebitamente fatto richiesta, perché con tale atto si verifica la dispersione del denaro pubblico, e non in quello in cui avviene la materiale apprensione degli incentivi»;

Cass. Pen., Sez. VI, 17.11.2022, sent. n. 11341: «In tema di indebita percezione di erogazioni a danno dello Stato, a fronte di un'unitaria richiesta di rimborso di contributi in cui confluiscono plurimi elementi di spesa sostenuti dall'istante nell'arco di un periodo temporale predeterminato, il superamento della soglia di punibilità di cui all'art. 316-ter, comma secondo, cod. pen. deve essere valutato con riguardo all'entità complessiva della somma richiesta ed erogata nel periodo»;

Cass. Pen., Sez. VI, 21.06.2022, sent. n. 29674: «Integra il delitto di indebita percezione di erogazioni a danno dello Stato ex art. 316-ter cod. pen.(successivamente al d.l. 27 gennaio 2022, n. 4, convertito, con modificazioni, dalla legge n. 25 del 2022, denominato come delitto di indebita percezione di erogazioni pubbliche) la condotta del datore di lavoro che, esponendo falsamente di aver corrisposto al lavoratore somme a titolo di indennità per malattia, ottenga dall'I.N.P.S. il conguaglio di tali somme, fittiziamente riportate nei flussi UNIEMENS mensili, con quelle da lui dovute a titolo di contributi previdenziali e assistenziali, così percependo indebitamente dallo stesso Istituto le corrispondenti erogazioni in forma di risparmio di spesa»;

Cass. Pen., Sez. VI, 03.02.2022, sent. n. 9661: «Il reato di indebita percezione di erogazioni pubbliche, commesso mediante la riscossione di ratei mensili da parte di enti previdenziali diversi (nella specie, la Ragioneria territoriale erogante la pensione di reversibilità di guerra e l'INPS gli assegni di vecchiaia, invalidità civile e inabilità), integra non già un'ipotesi di concorso formale omogeneo ex art. 81, primo comma, cod. pen., bensì un fatto unitario a consumazione frazionata, lesivo del medesimo bene-interesse tutelato (corretta distribuzione delle risorse pubbliche) ed in danno del medesimo soggetto Statuale»;

Cass. Pen., Sez. VI, 13.01.2022, sent. n. 11246: « Il profitto del reato di indebita percezione di erogazioni a danno dello Stato (nella specie avvenuta attraverso il conseguimento di un prestito garantito dal Fondo Garanzia per le PMI, ai sensi dell'art. 13, lett. m), d.l. 8 aprile 2020, n. 23 - c.d. decreto liquidità - convertito dalla legge 5 giugno 2020, n. 40), coincide con l'importo del finanziamento indebitamente ottenuto, atteso che il relativo contratto non si sarebbe perfezionato senza la prestazione del contributo pubblico, sicché a tale importo occorre riferirsi ai fini della verifica del superamento della soglia di punibilità prevista dall'art. 316-ter cod. pen.

—

Rientra tra le erogazioni pubbliche "comunque denominate" di cui all'art. 316-ter cod. pen. - nella versione, vigente "ratione temporis", anteriore alle modifiche ampliative di cui all'art. 28-bis del d.l. 27 gennaio 2022, n. 4, convertito dalla legge 28 marzo 2022, n. 25 - la concessione, sulla base di un'autodichiarazione mendace, di un finanziamento bancario assistito da garanzia del Fondo PMI ex art. 13, lett. m), del d.l. 8 aprile 2020 n. 23 (cd. "decreto liquidità), convertito dalla legge 5 giugno 2020 n. 40, costituendo la garanzia a carico del soggetto pubblico, gratuita per il beneficiario, presupposto determinante l'erogazione del finanziamento da parte del privato, nell'ambito di un rapporto triangolare che lega Fondo garante, banca concedente il finanziamento e imprenditore finanziato»;

Cass. Pen., Sez. VI, 11.01.2022, sent. n. 14731: «In tema di legislazione emergenziale volta al sostegno delle imprese colpite dalla pandemia da Covid-19, non si configura il reato di indebita percezione di erogazioni pubbliche nel caso in cui non sia allegata alla richiesta di fruire del contributo a fondo perduto di cui all'art. 1 d.l. 22 marzo 2021, n. 41 convertito nella legge 21 maggio 2021, n. 69, la dichiarazione di essere stato destinatario di informazione interdittiva antimafia, essendo ostativa alla fruizione del predetto contributo l'omessa dichiarazione della insussistenza delle condizioni di cui all'art. 67 d.lgs. 6 settembre 2011, n. 159, che riguarda l'applicazione, con provvedimento definitivo, di una misura di prevenzione, fra le quali non rientra, tuttavia, la predetta interdittiva, in quanto provvedimento amministrativo incapacitante, avente natura cautelare e preventiva»;

Cass. Pen., Sez. VI, 23.09.2021, sent. n. 45917: «In tema di indebita percezione di erogazioni ai danni dello Stato, nella valutazione del superamento o meno della soglia di punibilità, prevista dall'art. 316-ter, comma secondo, cod. pen., occorre tener conto della complessiva somma indebitamente percepita dal beneficiario e non di quella allo stesso corrisposta con cadenza periodica, ove le erogazioni conseguano ad una iniziale ed unitaria condotta»;

Cass. Pen., Sez. VI, 30.06.2021, sent. n. 43554: «Integra il reato di cui all'art. 316-ter cod. pen. la percezione, da parte di cittadino stabilmente residente all'estero, dell'assegno sociale, la cui erogazione presuppone l'attualità della residenza in Italia»;

Cass. Pen., Sez. VI, 8.01.2021, sent. n. 10790: «Il reato di cui all'art. 316-ter cod. pen., commesso mediante la riscossione dei ratei pensionistici di un genitore defunto, in seguito al mancato assolvimento dell'obbligo di comunicare all'Ente previdenziale l'avvenuto decesso, ha natura di reato a consumazione prolungata e si consuma al momento della cessazione delle riscossioni, che segna il "dies a quo" del termine prescrizionale»;

Cass. Pen., Sez. VI, 24.06.2020, sent. n. 21353: «In tema di confisca diretta, non può essere disposta l'ablazione del profitto del reato nel caso in cui lo stesso sia venuto meno per effetto di condotte riparatorie, poste in essere volontariamente dal reo, che abbiano eliso il vantaggio economico conseguito»;

Cass. Pen., Sez. VI, 4.06.2019, sent. n. 24890: «In tema di indebita percezione di erogazioni a danno dello Stato, il superamento della soglia di punibilità indicata dall'art.316-*ter*, comma 2, cod. pen. integra un elemento costitutivo del reato e non una condizione obiettiva di punibilità, sicché è irrilevante che il beneficiario consegua in momenti diversi contributi che, sommati tra loro, determinerebbero il superamento della soglia, in quanto rileva il solo conseguimento della somma corrispondente ad ogni singola condotta percettiva»;

Cass. Pen., Sez. II, 27.05.2019, sent. n. 23185: «In tema di truffa aggravata per il conseguimento di una pensione d'invalidità, qualora le erogazioni pubbliche a versamento rateizzato siano riconducibili ad un'originaria ed unica condotta fraudolenta, destinata a produrre effetti con cadenza periodica, la loro percezione conserva rilevanza penale anche in assenza di successive verifiche da parte dell'ente previdenziale e la consumazione del reato si realizza al momento dell'ultima percezione indebita»;

Cass. Pen., Sez. II, 17.04.2019, sent. n. 16817: «Integra il delitto di cui all'art. 316-*ter* cod. pen., e non quello di truffa aggravata, la condotta dell'insegnante che, senza porre in essere comportamenti fraudolenti in aggiunta al silenzio serbato in ordine alla cessazione del rapporto con la pubblica amministrazione, continui a ricevere indebitamente lo stipendio mensile»;

Concussione

La *concussione* è disciplinata dall'art. 317 c.p., il cui comma unico, che ben ne descrive la condotta, stabilisce la pena della reclusione da 6 a 12 anni per il pubblico ufficiale o l'incaricato di un pubblico servizio che, abusando della sua qualità o dei suoi poteri, costringe taluno a dare o promettere indebitamente, a lui o a un terzo, denaro od altra utilità. Va qui chiarito che la cd. '*Legge anticorruzione 2012*' (L. 190/2012) ha previsto una nuova figura autonoma di concussione, che avviene '*per induzione dell'agente*' – la cd. '*induzione indebita a dare o promettere utilità*' – introducendo nel Codice Penale l'art. 319-*quater* (cfr. *infra*). Lo scopo dell'art. 317 in esame è quello di tutelare l'interesse della P.A. alla correttezza ed alla buona reputazione dei suoi funzionari, evitando che gli estranei subiscano sopraffazioni e/o danni causati dai loro abusi di potere.

Il Legislatore ha previsto, come già detto, la pena della reclusione da 6 a 12 anni in caso di condanna, la quale comporta: a) l'interdizione perpetua dai pubblici uffici, salvo che, per effetto di attenuanti, sia inflitta una condanna inferiore a 3 anni di reclusione, nel qual caso l'interdizione è temporanea; b) la pena accessoria dell'incapacità di contrattare con la P.A., ove vi sia prova che il delitto è stato commesso a causa o in occasione dell'esercizio di un'attività imprenditoriale.

Il soggetto attivo del reato deve giocoforza essere un pubblico ufficiale o un incaricato di un pubblico servizio (e quindi trattasi di '*reato proprio*'), mentre il soggetto passivo si identifica sia nella Pubblica Amministrazione sia in chi subisce il danno derivante dall'abuso. Bisogna tuttavia chiarire due aspetti:

- l''*abuso della qualità*' si ha quando l'agente strumentalizza la propria qualifica, essendo intenzionato a costringere (od anche indurre *ex* art. 319-*quater*) il soggetto passivo alla dazione o alla promessa di prestazioni non dovute. Tale abuso deve comunque produrre un '*effetto motivante*' tale da far prevedere alla vittima una probabile estrinsecazione funzionale dei poteri del reo, pregiudizievole per sé e per i suoi interessi;

- per '*abuso dei poteri*' deve invece intendersi la strumentalizzazione, da parte del pubblico ufficiale, dei poteri funzionali conferitigli. Caso classico: il soggetto attivo fa uso dei poteri inerenti alla pubblica funzione o al pubblico servizio in modo distorto o eccedendo i limiti di legge, oppure violando le regole di imparzialità, di legalità e di buon andamento;

Altro elemento costituente la fattispecie in esame è il '*costringimento*' della vittima a dare o promettere denaro o altra utilità non dovuti. Nel caso specifico della disposizione in esame, per *'costrizione'* s'intende quel comportamento del pubblico ufficiale idoneo ad ingenerare nel privato una condizione di timore scaturente dall'esercizio del potere pubblico, limitativa della sua autodeterminazione rispetto alle richieste di denaro o di altra utilità (potrebbe pensarsi ad un'ipotesi di cd. *'minorata difesa'*). Da ciò la distinzione con l'*induzione* di cui all'art. 319-*quater*, che, invece, può manifestarsi in un contegno implicito o blando dell'agente, ma comunque in grado di determinare uno stato di soggezione, oppure in un'attività di determinazione più subdolamente persuasiva (Cass. 3093/2013). Tuttavia, la costrizione può anche tradursi nella minaccia di un male indeterminato, purché idonea a coartare la volontà del privato: essa non deve essere necessariamente esplicita, potendosi anche desumere dal complessivo comportamento del pubblico ufficiale (Cass. 44720/2013).

Quanto alla *dazione o promessa indebita per sé o per altri*, esse devono essere 'effetto' del costringimento, potendo avere ad oggetto altresì un'utilità o un bene immateriale (ad es. si svolge un lavoro a vantaggio del pubblico ufficiale).

Per *'promessa'* si intende l'impegno ad eseguire una futura prestazione, comunque assunta. Inoltre, esse sono *'indebite'* poiché *'non dovute'* all'agente per legge o per consuetudine: è indebita anche la dazione di una somma dovuta sì al soggetto, ma come 'privato', ed ottenuta inducendo la vittima mediante l'abuso dei poteri o della qualità (ad esempio, si pensi all'agente di Forza Pubblica che, essendo creditore di una somma di denaro per un contratto di mutuo, induce il debitore a pagargli tale somma minacciando che, in caso contrario, lo arresterà per un ipotetico, insussistente reato).

Va chiarito che, per potersi configurare la concussione, la dazione o la promessa indebita deve avvenire in favore dello stesso agente o a favore di altri (persone fisiche), ma ad esclusione dello Stato o dell'Ente pubblico da cui l'agente dipenda. Pertanto, ad esempio, non si configura il reato nel caso del Sindaco che per rilasciare un certificato di abitabilità pretenda da un costruttore il versamento di una somma a favore dell'Ente comunale di assistenza, oppure nel caso in cui il pubblico ufficiale che, per rilasciare un atto dovuto, faccia effettuare un versamento a favore dell'Ospedale locale.

Oggetto della dazione o della promessa può essere sia il denaro sia 'altra utilità', per tale intendendosi solo i vantaggi per il patrimonio o la persona dell'agente, non rientrando in tale novero i cd. *'profitti sentimentali'* e/o ad esempio i *'piaceri sessuali'* (ciò almeno a detta della prevalente giurisprudenza, mentre la dottrina propenderebbe invece per un'interpretazione onnicomprensiva).

Circostanze applicabili alla concussione e *possibilità di attenuazione del reato.* Certamente compatibile è l'attenuante dell'aver riparato interamente il danno prima del giudizio, mediante il risarcimento di esso e, quando possibile, mediante le restituzioni, oppure quella dell'essersi, prima del giudizio e fuori dal caso dell'aver impedito l'evento, adoperati spontaneamente ed efficacemente per elidere o attenuare le conseguenze dannose o pericolose del reato (art. 62, n. 6 c.p.): tale attenuante è applicabile proprio perché la riparabilità del danno *ex* art. 185 c.p. è regola generale. Secondo l'art. 323-*bis* c.p., tale delitto è poi attenuato se il fatto è di particolare tenuità.

Consumazione, tentativo, elemento soggettivo e differenze con la truffa aggravata. La concussione si consuma nel luogo ed al momento in cui avviene la dazione o la promessa. Nel caso in cui, intervenuta la promessa, segue la dazione, essa non è autonomamente punibile, dato che il reato si è già consumato (trattasi di post-fatto non punibile, in tal caso). Il *tentativo* è certamente configurabile, essendo sufficiente la richiesta di denaro o di altra utilità, mediante costrizione.

In relazione all'*elemento psicologico*, è richiesto il *'dolo generico'* (coscienza e volontà di *tutti* gli elementi del reato, in aggiunta alla consapevolezza del carattere indebito della dazione o della promessa). Il dolo è comunque escluso dall'errore sul carattere indebito della dazione o della promessa.

Infine, la concussione si differenzia dalla *truffa aggravata* per la diversa efficacia dell'abuso d'ufficio, che nella concussione costituisce la causa dell'induzione in errore della vittima, mentre nella truffa ne è solo occasione.

Di seguito, alcune importanti massime giurisprudenziali relative alla disposizione in esame:

Cass. Pen., Sez. VI, 07.03.2023, sent. n. 17918: «In tema di concussione, l'azione tipica può essere realizzata anche dal concorrente privo della qualifica soggettiva, a condizione che costui, in accordo con il titolare della posizione pubblica, tenga una condotta che contribuisca a creare nel soggetto passivo lo stato di costrizione o di soggezione funzionale ad un atto di disposizione patrimoniale, e che la vittima sia consapevole che l'utilità è richiesta e voluta dal pubblico ufficiale»;

Cass. Pen., Sez. VI, 19.10.2022, sent. n. 1298: « In tema di reati contro la pubblica amministrazione, qualora rispetto al vantaggio prospettato dal pubblico agente quale conseguenza della promessa o della dazione indebita dell'utilità, si accompagni anche un male ingiusto di portata assolutamente spropositata, la presenza di un utile immediato e contingente per il destinatario dell'azione illecita risulta priva di rilievo ai fini della possibile distinzione tra costrizione da concussione ed induzione indebita, in quanto, in tal caso, il beneficio risulta integralmente assorbito dalla preponderanza del male ingiusto»;

Cass. Pen., Sez. VI, 28.09.2021, sent. n. 38863: «In tema di induzione indebita ex art. 319-quater, cod. pen., qualora rispetto al vantaggio prospettato, quale conseguenza della promessa o della dazione indebita dell'utilità, si accompagni anche un male ingiusto di portata assolutamente spropositata, la presenza di un utile immediato e contingente per il destinatario dell'azione illecita risulta priva di rilievo ai fini della possibile distinzione tra costrizione da concussione ed induzione indebita, in quanto, in tal caso, il beneficio risulta integralmente assorbito dalla preponderanza del male ingiusto»;

Cass. Pen., Sez. VI, 4.06.2021, sent. n. 24560: «In tema di concussione, l'avverbio "indebitamente" utilizzato nell'art. 317 cod. pen. qualifica non già l'oggetto della pretesa del pubblico ufficiale, la quale può anche non essere oggettivamente illecita, quanto le modalità della sua richiesta e della sua realizzazione»;

Cass. Pen., Sez. VI, sent. n. 21019: «In tema di concussione, il termine "utilità" include tutto ciò che rappresenta un vantaggio per la persona, pur se di natura non patrimoniale, oggettivamente apprezzabile, e dunque anche l'accrescimento del proprio prestigio professionale ovvero della propria considerazione nella comunità lavorativa»;

Cass. Pen., Sez. VI, 1.12.2020, sent. n. 8041: «In tema di tentata concussione, l'idoneità degli atti e la non equivocità degli stessi richiedono la sussistenza di un immediato e specifico nesso funzionale e teleologico tra la condotta del pubblico agente e la pretesa avanzata nei confronti della vittima, volta all'effettuazione di una prestazione, di denaro o altra utilità, da parte del destinatario della condotta medesima o di terzi»;

Cass. Pen., Sez. VI, 18.11.2020, sent. n. 8036: «In tema di reati contro la pubblica amministrazione, la regola introdotta dal d.l. 16 luglio 2020, n. 76, che ha circoscritto la rilevanza penale delle condotte di abuso di ufficio a quelle tenute "in violazione di specifiche regole di condotta espressamente previste dalla legge o da atti aventi forza di legge e dalle quali non residuino margini di discrezionalità" non ha valenza di principio generale estensibile anche alle diverse fattispecie di concussione, corruzione ed induzione indebita, trovando detti reati nell'ambito della discrezionalità il proprio terreno di elezione, in ragione della maggior ampiezza del raggio d'azione riconosciuto al funzionario dalle norme di settore»;

Cass. Pen., Sez. VI, 3.11.2020, sent. n. 5057: «Integrano l'abuso costrittivo del delitto di concussione le pressioni esercitate da un docente universitario su un candidato al concorso di ricercatore perché si ritiri dalla prova - allo scopo di favorire altro candidato, con minor punteggio per titoli e pubblicazioni - quando alla persona offesa non sia prospettato alcun vantaggio indebito, ma solo pregiudizi per la sua carriera accademica, a nulla rilevando, al riguardo, l'alea della attribuzione del posto messo a concorso, atteso che la vittima è stata comunque privata di una significativa "chance" di conseguirlo»;

Corruzione: in generale

Per *'corruzione'* s'intende l'accordo tra un pubblico funzionario ed un privato, in virtù del quale il primo accetta dal secondo un compenso non dovutogli per un'attività relativa all'esercizio delle sue attribuzioni. La normativa che punisce tali fattispecie è basata sul discredito che tale delitto getta sui funzionari pubblici e sulla stessa Pubblica Amministrazione e, pertanto, l'oggetto della tutela non può che essere il suo interesse all'imparzialità, alla correttezza ed alla probità dei propri funzionari (anche *ex* art. 97 Cost.), ed in particolare l'interesse affinchè gli atti d'ufficio non siano oggetto di compravendita.

Il Codice Penale disciplina la corruzione agli artt. 318 – 322, prevedendone varie fattispecie: *corruzione per l'esercizio della funzione* (art. 318); *corruzione per un atto contrario ai doveri d'ufficio* (art. 319); *circostanze aggravanti* (art. 319-*bis*), *corruzione in atti giudiziari* (art. 319-*ter*); *induzione indebita a dare o promettere utilità* (art. 319-*quater*); *corruzione di incaricato di pubblico servizio* (art. 320); *pene per il corruttore* (art. 321); *istigazione alla corruzione* (art. 322).

Corruzione per l'esercizio della funzione

L'art. 318 c.p. prevede la reclusione da 3 ad 8 anni per il pubblico ufficiale che, per l'esercizio della propria funzione o dei suoi poteri, riceva indebitamente denaro od altra utilità per sé o per un terzo o ne accetti la promessa. Si comprende come ci si trovi al cospetto di un *'reato necessariamente plurisoggettivo'* quanto all'elemento oggettivo, dato che ne rispondono tanto il corrotto (pubblico ufficiale o incaricato di pubblico servizio, ed è quindi anche *'reato proprio'*), quanto il corruttore (il privato cittadino). Ai sensi dell'art. 323-*bis* c.p., esso è attenuato se il fatto è di particolare tenuità.

Oggetto dell'accordo criminoso è l'esercizio di una funzione o del potere nel senso voluto dal corruttore, che diviene oggetto di compravendita, il cui corrispettivo è qualsiasi prestazione di denaro o altra utilità, come anche la semplice promessa. *Indebita* è la dazione o promessa non dovuta, sia perché espressamente vietata dalla legge, sia perché non prevista da una legge o dalla consuetudine (si pensi agli omaggi natalizi, pasquali, etc...).

Consumazione, tentativo ed elemento soggettivo. Il delitto si consuma - alternativamente – o con l'accettazione della promessa o con la dazione-ricezione dell'utilità, e ne è ammesso il tentativo punibile. Quanto invece all'elemento psicologico, si richiede il *'dolo specifico'* (coscienza e volontà del privato di dare o promettere il denaro o l'utilità, e del funzionario di accettarli per le finalità contemplate dalla disposizione, con la consapevolezza che quanto dato o promesso non è dovuto ma tuttavia funzionale all'esercizio della funzione nel senso voluto dal corruttore: i due elementi soggettivi – del corrotto e del corruttore – vanno valutati in maniera autonoma.

Di seguito, alcune massime giurisprudenziali relative alla disposizione in esame:

Cass. Pen., Sez. VI, 26.01.2023, sent. n. 37653: «E' configurabile il concorso nel reato di corruzione del soggetto che, pur non ricevendo utilità dirette, sia consapevole della dazione o promessa illecita e del rapporto sinallagmatico con l'esercizio della funzione e che in tale accordo si inserisca, fornendo un contributo materiale necessario alla sua realizzazione»;

Cass. Pen., Sez. VI, 6.10.2021, sent. n. 37653: «È configurabile il concorso materiale tra il reato di truffa in danno dello Stato e quello di corruzione, a condizione che gli effetti dell'accordo corruttivo abbiano determinato l'induzione in errore nei confronti di un pubblico ufficiale diverso da quello corrotto»;

Cass. Pen., Sez. VI, 6.09.2021, sent. n. 37645: «In tema di corruzione per l'esercizio della funzione, la causa di non punibilità di cui all'art. 131-bis cod. pen. può legittimamente ritenersi sussistente nei confronti dei privati corruttori e non anche dei corrotti, quando solo per i privati sia stata esclusa l'abitualità della condotta»;

Cass. Pen., Sez. VI, 26.05.2021, sent. n. 33251: «Integra il reato di corruzione per l'esercizio della funzione ex art. 318 cod. pen. la promessa o dazione indebita di somme di danaro o di altre utilità in favore del pubblico ufficiale che sia sinallagmaticamente connessa all'esercizio della funzione, ancorché finalizzata al compimento di un unico e specifico atto non contrario ai doveri di ufficio, non richiedendosi necessariamente che l'asservimento dell'agente all'interesse privato si sia protratto nel tempo»;

Cass. Pen., Sez. VI, 8.01.2021, sent. n. 7007: «In tema di corruzione per l'esercizio della funzione, benché la proporzionalità tra le prestazioni non sia un elemento costitutivo del reato, tuttavia l'irrisorietà dell'utilità conseguita rispetto alla rilevanza dell'atto amministrativo compiuto, rileva sul piano probatorio dell'esistenza del nesso sinallagmatico con l'esercizio della funzione, il cui mercimonio integra il disvalore del fatto punito dall'art. 318 cod. pen.»;

Cass. Pen., Sez. VI, 10.11.2020, sent. n. 1594: «In tema di corruzione propria, l'inserimento del patto corruttivo nell'ambito dell'esercizio di un potere discrezionale non implica necessariamente l'integrazione dell'ipotesi di cui all'art. 319 cod. pen., dovendosi verificare se l'atto sia posto in essere in violazione delle regole che disciplinano l'esercizio del potere discrezionale e se il pubblico agente abbia pregiudizialmente inteso realizzare l'interesse del privato corruttore»;

Cass. Pen., Sez. VI, 18.09.2020, sent. n. 26740: «È configurabile il concorso eventuale nel delitto di corruzione - reato a concorso necessario ed a struttura bilaterale - nel caso in cui il contributo del terzo, lungi dal concretizzarsi in una condotta esecutiva dell'accordo corruttivo, si risolva in un'attività di intermediazione finalizzata a realizzare una indispensabile funzione di connessione tra gli autori necessari»;

Cass. Pen., Sez. VI, 19.07.2019, sent. n. 32401: «Integra il reato di corruzione per l'esercizio della funzione, previsto dall'art. 318 cod. pen., lo stabile asservimento del pubblico ufficiale ad interessi personali di terzi, realizzato attraverso l'impegno permanente a compiere od omettere una serie indeterminata di atti ricollegabili alla funzione esercitata»;

Cass. Pen., Sez. VI, 11.09.2018, sent. n. 40347: «Integra il reato di corruzione per l'esercizio della funzione, anche secondo la previgente formulazione dell'art. 318 cod. pen., la condotta del parlamentare che accetti la promessa o la dazione di utilità in relazione all'esercizio della sua funzione e, quindi, per il compimento di un atto del proprio ufficio»;

Corruzione propria antecedente (artt. 319, 320, 321 e 323-*bis*).

Rispondono di *corruzione propria antecedente*, in concorso necessario tra loro, sia il pubblico ufficiale o l'incaricato di pubblico servizio il quale, per omettere o ritardare un atto del suo ufficio o per fare un atto contrario ai doveri d'ufficio, riceve per sé o per un terzo denaro od altra utilità oppure ne accetti la promessa, sia colui che dà o promette tale denaro o tale altra utilità a quel funzionario per uno dei fini suddetti. Va de sé che soggetti attivi non possono che essere da un lato il corruttore e, dall'altro, i pubblici funzionari che si lasciano corrompere. Il soggetto passivo, invece, è la Pubblica Amministrazione. Quanto all'elemento soggettivo, è richiesto il *'dolo specifico'*: gli agenti devono compiere il fatto per il fine indicato dalla norma.

Vi è differenza con la *corruzione per l'esercizio della funzione*, dal momento che nella corruzione propria antecedente l'oggetto dell'accordo criminoso è il ritardo o l'omissione, da parte del funzionario, di un atto del suo ufficio o l'emanazione di un atto contrario ai suoi doveri d'ufficio (e quindi di un atto illegittimo).

Momento consumativo e rapporti con la nuova fattispecie di corruzione impropria. Il reato si consuma - alternativamente — o con l'accettazione della promessa o con la dazione-ricezione dell'utilità. Tuttavia, ove alla promessa faccia seguito la dazione-ricezione, è solo in tale ultimo momento che si consuma il reato (approfondendosi l'offesa tipica).

Quanto ai rapporti con la *corruzione impropria*, Cass. n. 47271/2014 ha chiarito che lo stabile asservimento del pubblico ufficiale agli interessi personali di terzi, attraverso il sistematico ricorso ad atti contrari ai doveri d'ufficio non predefiniti né specialmente individuabili posteriormente oppure mediante l'omissione o il ritardo di atti dovuti, integra il reato di *'corruzione per un atto contrario ai doveri d'ufficio'* (art. 319) e non il più lieve reato di *'corruzione per l'esercizio della funzione'* (art. 318), il quale invece ricorre quando l'oggetto del mercimonio sia costituito dal compimento di atti dell'ufficio.

È prevista la pena della reclusione da 6 a 10 anni e, quanto alle *circostanze applicabili alla corruzione propria antecedente,* indubbiamente compatibili con la stessa sono le '*aggravanti speciali*' di cui all'art. 319-*bis*, che determinano un aumento di pena fino a 1/3 se il fatto ha per oggetto il conferimento di pubblici impieghi, stipendi, pensioni o la stipulazione di contratti nei quali sia interessata l'Amministrazione di appartenenza del pubblico funzionario, nonché il pagamento o il rimborso di tributi (così dispone l'art. 319-*bis*). Alla condanna per una qualsiasi delle ipotesi esaminate consegue la pena accessoria dell'*incapacità di contrattare con la P.A.* qualora il delitto sia stato commesso a causa o in occasione dell'esercizio di attività imprenditoriale. Quanto alle '*attenuanti*', ai sensi dell'art. 323-*bis* il reato è attenuato se il fatto è di particolare tenuità.

Di seguito, alcune massime giurisprudenziali relative alle disposizioni in esame:

Cass. Pen., Sez. VI, 02.02.2023, sent. n. 16672: «In tema di corruzione propria, costituiscono atti contrari ai doveri d'ufficio non soltanto quelli illeciti (perché vietati da norme imperative) o illegittimi (perché in contrasto con norme giuridiche riguardanti la loro validità ed efficacia), ma anche quelli che, pur formalmente regolari, prescindono, per consapevole volontà del pubblico agente, dall'osservanza di doveri istituzionali espressi in norme di qualsiasi livello, ivi compresi quelli di correttezza ed imparzialità»;

Cass. Pen., Sez. VI, 26.01.2023, sent. n. 6557: «E' configurabile il concorso nel reato di corruzione del soggetto che, pur non ricevendo utilità dirette, sia consapevole della dazione o promessa illecita e del rapporto sinallagmatico con l'esercizio della funzione e che in tale accordo si inserisca, fornendo un contributo materiale necessario alla sua realizzazione»;

Cass. Pen., Sez. VI, 12.10.2022, sent. n. 6557: «In tema di corruzione, mentre non risponde a titolo di concorso il terzo che, non essendo stato parte dell'accordo corruttivo, intervenga nella sola fase esecutiva adoperandosi per la sua realizzazione, risponde ex art. 110 cod. pen. il medesimo soggetto che, pur rimasto estraneo al patto illecito, abbia avuto piena e consapevole compartecipazione nel reperire, creare o mettere a disposizione del funzionario infedele il prezzo della corruzione, posto che non si tratta di un'attività meramente esecutiva della pattuizione illecita, bensì essa stessa frazione di una delle condotte tipiche mediante le quali il reato si consuma e rappresenta il momento di massima estrinsecazione dell'offesa al bene giuridico tutelato»;

Cass. Pen., Sez. VI, 27.01.2022, sent. n. 5390: «Non sussiste alcun rapporto di specialità fra il delitto di corruzione per un atto contrario ai doveri di ufficio ex art. 319 cod. pen. e quello di utilizzazione di segreti di ufficio di cui all'art. 326, comma terzo, cod. pen., data la diversità degli elementi strutturali delle rispettive fattispecie incriminatrici, la prima contemplando un reato bilaterale a concorso necessario, in cui la condotta anti doverosa del pubblico agente si pone come prestazione di un accordo sinallagmatico corruttivo, e la seconda, incentrata sulla utilizzazione del segreto, avendo ad oggetto un reato monosoggettivo 'di mano propria', a concorso solo eventuale dell'"extraneus", in cui il profitto indebito degrada ad elemento di dolo;

Cass. Pen., Sez. VI, 10.11.2020, sent. n. 1594: «In tema di corruzione propria, l'inserimento del patto corruttivo nell'ambito dell'esercizio di un potere discrezionale non implica necessariamente l'integrazione dell'ipotesi di cui all'art. 319 cod. pen., dovendosi verificare se l'atto sia posto in essere in violazione delle regole che disciplinano l'esercizio del potere discrezionale e se il pubblico agente abbia pregiudizialmente inteso realizzare l'interesse del privato corruttore» (in motivazione, la Corte ha precisato che la mera ricezione di denaro in ragione del compimento dell'attività discrezionale, può integrare il reato di cui all'art. 318 cod. pen. qualora l'atto compiuto realizzi ugualmente l'interesse pubblico e non sia stato violato alcun dovere specifico);

Cass. Pen., Sez. VI, 07.10.2020, sent. n. 29549: «In tema di corruzione, il compimento dell'atto da parte del pubblico ufficiale non appartiene alla struttura del reato e non assume rilievo ai fini della determinazione del momento consumativo, sicché, ove vi sia un solo accordo corruttivo che preveda una pluralità di atti da compiere, si configura un unico reato rispetto al quale gli atti posti in essere dal pubblico ufficiale costituiscono momenti esecutivi, che non danno luogo a continuazione, essendo quest'ultima ipotizzabile solo nel caso di pluralità di accordi corruttivi»;

Cass. Pen., Sez. II, 29.01.2019, ord. n. 4486: «In tema di corruzione, lo stabile asservimento del pubblico ufficiale ad interessi personali di terzi realizzato attraverso l'impegno permanente a compiere od omettere una serie indeterminata di atti ricollegabili alla funzione esercitata, integra il reato di cui all'art. 318 cod. pen. e non il più grave reato di corruzione propria di cui all'art. 319 cod. pen., salvo che la messa a disposizione della funzione abbia prodotto il compimento di un atto contrario ai doveri di ufficio»;

Cass. Pen., Sez. VI, 23.07.2018, sent. n. 34929: «Ai fini dell'integrazione del delitto di corruzione non ha rilevanza il fatto che il funzionario corrotto resti ignoto, quando non sussistono dubbi in ordine all'effettivo concorso di un pubblico ufficiale o di un incaricato di pubblico servizio nella realizzazione del fatto, non occorrendo che il medesimo sia o meno conosciuto o nominativamente identificato»;

Cass. Pen., 10.10.2017, sent. n. 46492: «Configura il reato di corruzione per un atto contrario ai doveri d'ufficio - e non il più lieve reato di corruzione per l'esercizio della funzione, di cui all'art. 318 cod. pen. - lo stabile asservimento del pubblico ufficiale ad interessi personali di terzi, che si traduca in atti, che, pur formalmente legittimi, in quanto discrezionali e non rigorosamente predeterminati, si conformano all'obiettivo di realizzare l'interesse del privato nel contesto di una logica globalmente orientata alla realizzazione di interessi diversi da quelli istituzionali»;

Cass. Pen., Sez. VI, 09.03.2018, sent. n. 10759: «Non è configurabile il delitto di corruzione per atto di ufficio - secondo la disciplina vigente prima delle modifiche introdotte dalla legge 6 novembre 2012, n. 190 all'art. 320 cod. pen. - nei confronti del dipendente della Società Autostrade per l'Italia, perché, pur rivestendo quest'ultimo la qualifica di incaricato di pubblico servizio, non può essere considerato un pubblico impiegato»;

Cass. Pen., Sez. VI, 17.05.2004, sent. n. 23024: «In tema di corruzione, anche la corruzione in atti giudiziari 'impropria può integrare il delitto previsto dall'art. 319 ter c.p., giusto il richiamo ivi contenuto agli artt. 318 e 319 c.p., là dove le utilità economiche costituiscano il prezzo della compravendita della funzione giudiziaria, considerata nel suo complessivo svolgimento, sia trascorso che futuro»;

Cass. Pen., Sez. VI, 23.07.2018, sent. n. 34929: «Ai fini dell'integrazione del delitto di corruzione non ha rilevanza il fatto che il funzionario corrotto resti ignoto, quando non sussistono dubbi in ordine all'effettivo concorso di un pubblico ufficiale o di un incaricato di pubblico servizio nella realizzazione del fatto, non occorrendo che il medesimo sia o meno conosciuto o nominativamente identificato»;

Cass. Pen., Sez. VI, 06.12.2004, sent. n. 47191: «Correttamente viene ritenuta la sussistenza del reato di corruzione per atti contrari ai doveri d'ufficio nel caso di organizzatori di corsi di formazione professionale controllati dalla Regione i quali, in cambio di corrispettivo in danaro, assicurino agli allievi il conseguimento del titolo professionale senza l'osservanza del prescritto obbligo di presenza alle lezioni»;

Cass. Pen., Sez. VI, 09.07.2019, sent. n. 30178: «In tema di peculato d'uso, la circostanza attenuante speciale prevista per i fatti di particolare tenuità ricorre quando il reato, valutato nella sua globalità, presenti una gravità contenuta, dovendosi a tal fine considerare non soltanto l'entità del danno economico o del lucro conseguito, ma ogni altra caratteristica della condotta, dell'atteggiamento soggettivo dell'agente e dell'evento da questi determinato»;

Cass. Pen., Sez. VI, 25.01.2019, sent. n. 3774: «In tema di delitti dei pubblici ufficiali contro la pubblica amministrazione, qualora la circostanza attenuante speciale di cui all'art. 323-bis cod. pen. venga riconosciuta in ragione della ritenuta esiguità del danno economico cagionato dal reato, in essa rimane assorbita quella del danno patrimoniale di speciale tenuità di cui all'art. 62, comma primo, n. 4 cod. pen.»;

Cass. Pen., Sez. VI, 10.01.2012, sent. n. 199: «In tema di delitti contro la P.A., la circostanza attenuante speciale prevista per i fatti di particolare tenuità ricorre quando il reato, valutato nella sua globalità, presenti una gravità contenuta, dovendosi a tal fine considerare ogni caratteristica della condotta, dell'atteggiamento soggettivo dell'agente e dell'evento da questi determinato.

Cass. Pen., Sez. VI, 16.09.2011, sent. n. 34248: «In tema di delitti dei pubblici ufficiali contro la P.A., qualora la circostanza attenuante speciale di cui all'art. 323 bis c.p. venga riconosciuta esclusivamente in ragione della ritenuta esiguità del danno economico cagionato dal reato, in essa rimane assorbita quella del danno patrimoniale di speciale tenuità di cui all'art. 62, comma primo, n. 4 c.p.»;

Corruzione propria susseguente (artt. 319, 320, 321 e 323-*bis*)

Si tratta di un '*reato necessariamente concorsuale*', che può essere commesso - in concorso tra loro – da due soggetti: a) il pubblico ufficiale o dall'incaricato di pubblico servizio che riceva denaro o utilità per '*aver agito*' contro i doveri del suo ufficio, o per '*aver omesso o ritardato*' un atto d'ufficio (ecco perché *è postuma*); b) da colui che '*ha dato*' il denaro o l'utilità al pubblico funzionario che '*ha agito*' contro i doveri del suo ufficio o '*ha ritardato od omesso*' un atto d'ufficio. Saranno puniti entrambi.

Elementi del reato de quo: vale quanto detto in precedenza (ciò anche per la pena); non è sufficiente la promessa ma occorre la dazione; l'accordo riguarda un'omissione o un ritardo di atti d'ufficio o l'emanazione di un atto illegittimo *già compiuto*. Quanto all'elemento soggettivo, è richiesto il '*dolo generico*', non essendo richiesto alcun fine, e ciò proprio perché il fatto è già compiuto. Ai sensi dell'art. 323-*bis* il reato è attenuato se il fatto è di particolare tenuità.

Corruzione in atti giudiziari

Ai sensi dell'art. 319-*ter*, primo comma, se la corruzione per l'esercizio della funzione e per un atto contrario ai doveri d'ufficio (ossia, «i fatti indicati negli artt. 318 e 319») sono commesse per favorire o danneggiare una parte in un processo civile, penale o amministrativo, si applica la pena della reclusione da 6 a 12 anni. In virtù del secondo comma, se dal fatto deriva l'ingiusta condanna di taluno alla reclusione non superiore a 5 anni, la pena è della reclusione da 6 a 14 anni; se invece deriva l'ingiusta condanna alla reclusione superiore a 5 anni, la pena è della reclusione da 8 a 20 anni.

La *corruzione in atti giudiziari* è 'reato proprio', potendo essere commesso solo da chi rivesta la qualità di *pubblico ufficiale*, e quanto all'elemento soggettivo, la particolare finalità che deve animare la condotta dell'agente esige la sussistenza del 'dolo specifico', il quale tuttavia non richiede il verificarsi del favore o del danno: è pertanto altresì ammissibile il *tentativo*. Cass. 15208/2010 ha chiarito che tale reato si configura anche nel caso di *corruzione susseguente,* ossia quando il denaro o l'utilità siano ricevuti o di essi sia accettata la promessa, per un atto già compiuto. Per 'atto giudiziario' deve intendersi qualsiasi atto 'funzionale' ad un procedimento giudiziario, rientrando in tale novero anche la deposizione testimoniale resa in un processo.

Cass. Pen., Sez. VI, 30.03.2022, sent. n. 23803: «Ai fini della configurabilità del delitto di cui all'art. 319-ter cod. pen., è "atto giudiziario" quello funzionale a un procedimento giudiziario, sicché vi rientra anche la redazione infedele di un'annotazione di polizia giudiziaria resa nell'ambito di un procedimento penale»;

Cass. Pen., Sez. VI, 14.10.2021, sent. n. 41571: «In tema di corruzione in atto giudiziari, è legittimo il sequestro preventivo impeditivo del credito da rimborso IVA indebitamente riconosciuto al contribuente in forza di una sentenza non definitiva frutto di un accordo corruttivo, posto che si tratta di diritto di credito, pur incerto o condizionato, che può essere comunque oggetto di cessione o dispersione»;

Cass. Pen., Sez. VI, 26.11.2019, sent. n. 48100: «Il delitto di corruzione in atti giudiziari può essere realizzato anche nella forma della corruzione cosiddetta susseguente, essendo indifferente che l'atto compiuto sia conforme o meno ai doveri d'ufficio, assumendo rilievo preponderante la circostanza che l'autore del fatto sia venuto meno al dovere costituzionale di imparzialità e terzietà soggettiva e oggettiva alterando la dialettica processuale»;

Cass. Pen., Sez. VI, 20.07.2018, sent. n. 34549: «In tema di corruzione in atti giudiziari, la qualità di "parte" del processo civile, rilevante ai sensi dell'art.319-ter cod. pen., non va limitata alle sole parti processuali, dovendo ricomprendere tutti i soggetti nei cui confronti gli atti procedimentali sono destinati a produrre effetti» (nella fattispecie la Corte ha ritenuto configurabile il reato di corruzione in atti giudiziari - realizzato dal direttore di un istituto di vendite giudiziarie - che prometteva la dazione di un'autovettura al giudice dell'esecuzione, a titolo di 'ringraziamento' per il compenso maturato per tale Istituto a seguito del conferimento dell'incarico di procedere alla vendita e custodia di un'imbarcazione);

Cass. Pen., Sez. VI, 4.05.2018, sent. n. 19496: «Ai fini della configurabilità del delitto previsto dall'art. 319-ter cod. pen. è "atto giudiziario" quello funzionale ad un procedimento giudiziario e, pertanto, anche l'atto del funzionario di cancelleria, collocato nella struttura dell'ufficio giudiziario, che esercita un potere idoneo ad incidere sul suo concreto funzionamento e sull'esito dei procedimenti» (la concreta fattispecie processuale è relativa alla condanna di alcuni cancellieri di Corte di appello i quali, dietro compenso in denaro: a) manipolavano i criteri di assegnazione dei procedimenti e facevano assegnare un determinato procedimento ad una sezione della Corte; b) occultavano il relativo fascicolo impedendo al presidente di fissare l'udienza, e le successive notifiche, determinando, così, dei rinvii del processo al fine di far maturare il termine di prescrizione; c) ritardavano la trasmissione degli atti alla Corte di cassazione in modo da assicurare al privato corruttore di poter scontare la pena, prima, in regime di arresti domiciliari e, poi, di detenzione domiciliare);

Cass. Pen., Sez. VI, 29.09.2016, sent. n. 40759: «Integra il reato di corruzione in atti giudiziari "ex" art. 319-ter cod. pen. la promessa o la dazione di denaro rivolta al teste, e da questi accettata, affinchè con la sua falsa testimonianza favorisca una parte del processo penale» (in motivazione, la Corte ha escluso che tale condotta integri il - meno grave - reato di intralcio alla giustizia (art. 377 c.p.), invece configurabile ove non sia accettata l'offerta o la promessa di denaro o di altra utilità, volta al condizionamento delle dichiarazioni dei testimoni);

Cass. Pen., Sez. VI, 16.07.2013, sent. n. 30542: «Integra il reato di corruzione in atti giudiziari l'accordo intercorso tra un ispettore del Ministero delle attività produttive, pubblico ufficiale, ed il presidente di un consorzio di cooperative edilizie, finalizzato a formare, in cambio di un corrispettivo in danaro, una relazione ispettiva compiacente rispetto alla sua situazione di difficoltà economica già registrata in precedenti, sfavorevoli relazioni del suo ufficio, al fine di evitarne la declaratoria di fallimento o la liquidazione coatta amministrativa nella pendente procedura giudiziaria, ottenendo con il deposito di tale relazione un rinvio dell'udienza».

Induzione indebita a dare o promettere utilità

Ai sensi dell'art. 319-*quater*, primo comma, salvo che il fatto non costituisca più grave reato, il pubblico ufficiale o l'incaricato di pubblico servizio che, abusando della sua qualità o dei suoi poteri, induce taluno a dare o promettere indebitamente, a lui o a un terzo, denaro od altra utilità è punito con la reclusione da 6 anni a 10 anni e mezzo. Il secondo comma, estende, poi la punibilità anche nei confronti di chi dà o promette il denaro o l'altra utilità, che sarà soggetto alla reclusione fino a 3 anni, oppure fino a 4 anni se il fatto offende gli interessi finanziari dell'Unione Europea ed il danno o il profitto superino la quota di € 100.000.

Oggetto di tutela normativa è il regolare funzionamento e l'imparzialità della Pubblica Amministrazione. Come intuibile dalla lettura dell'ultimo periodo del secondo comma, la disposizione è stata introdotta nell'Ordinamento penale italiano a seguito di raccomandazioni internazionali nel 2012, provenienti anche dalla Convenzione Anticorruzione OCSE in Italia e dal cd. '*Rapporto Greco*', il quale voleva punire altresì il corruttore, che prima di allora sovente riusciva a sottrarsi alla Giustizia, risultando anzi spesso vittima di concussione e quindi '*parte offesa*' (essendo molte volte la propria risoluzione a cedere alle richieste del concussore non già per effetto delle pressioni di questi, bensì di proprie oculate valutazioni di opportunità e convenienza).

Quanto all'*elemento oggettivo,* le condotte sanzionate si traducono in una strumentalizzazione della qualifica soggettiva in cui sia implicita la possibilità di un esercizio di poteri (si parla di '*abuso della qualità*') ovvero nell'esercizio di potestà in cui l'agente è investito in modo difforme dallo scopo prefissato dalla legge (cd. '*abuso di poteri*'), volti a convincere mediante attività dialettica (cd. '*concussione per induzione*') la vittima a dare o promettere senza alcun titolo, «indebitamente», denaro od altra utilità (da intendersi anche in senso non patrimoniale). Quanto invece all'*elemento soggettivo*, è richiesto il '*dolo generico*' (cosciente e volontaria realizzazione della condotta, nella consapevolezza del carattere indebito della dazione o promessa). Ai sensi dell'art. 323-*bis* il delitto è attenuato se il fatto è di particolare tenuità.

La Cassazione (n. 11794/2013) ha precisato le caratteristiche dell'*induzione*: per la configurazione del reato in esame, essa necessita di una pressione psichica posta in essere dall'agente, che si caratterizza per la conservazione, da parte del destinatario di essa, di un significativo margine di autodeterminazione (a differenza della '*costrizione*' prevista per la concussione). Con sent. n. 12228/2014 la Suprema Corte ha altresì chiarito i rapporti tra '*concussione per costrizione*' ed '*induzione indebita*', sulla base delle seguenti argomentazioni:

- vi è *concussione* quando la condotta si sostanzia in un *abuso costrittivo del pubblico ufficiale*, realizzato mediante violenza o minaccia, oltre che idoneo a produrre una grave limitazione della libertà di autodeterminazione del concusso, il quale, senza avere la prospettiva di alcun vantaggio, viene posto innanzi all'alternativa di subire il male prospettato dall'agente o di evitarlo con la dazione o promessa dell'utilità;

- vi è invece *induzione indebita* quando sussiste un *abuso induttivo* posto in essere dal pubblico funzionario che, con condotte persuasive, suggestioni, inganni o pressioni morali condizioni in modo più tenue la libertà di autodeterminazione del privato, il quale, disponendo di ampi margini decisori, nella prospettiva di un tornaconto personale accetta di prestare acquiescenza alla richiesta della prestazione non dovuta: è pertanto punibile anche il concusso indotto, di cui al secondo comma.

Di seguito, alcune pronunce sulla disposizione in esame:

Cass. Pen., Sez. VI, 26.01.2023, sent. n. 11138: «La condotta induttiva prevista dalla fattispecie incriminatrice per il reato di induzione indebita (art. 319-quater c.p.), si configura come persuasione, suggestione, inganno (sempre che quest'ultimo non si risolva in un'induzione in errore), pressione morale con più tenue valore condizionante della libertà di autodeterminazione del destinatario il quale, disponendo di più ampi margini decisionali, finisce col prestare acquiescenza alla richiesta della prestazione non dovuta, perché motivata dalla prospettiva di conseguire un tornaconto personale, che giustifica la previsione di una sanzione a suo carico»;

Cass. Pen., Sez. VI, 19.10.2022, sent. n. 1298: «In tema di reati contro la pubblica amministrazione, qualora rispetto al vantaggio prospettato dal pubblico agente quale conseguenza della promessa o della dazione indebita dell'utilità, si accompagni anche un male ingiusto di portata assolutamente spropositata, la presenza di un utile immediato e contingente per il destinatario dell'azione illecita risulta priva di rilievo ai fini della possibile distinzione tra costrizione da concussione ed induzione indebita, in quanto, in tal caso, il beneficio risulta integralmente assorbito dalla preponderanza del male ingiusto»;

Cass. Pen., Sez. VI, 28.09.2021, sent. n. 38863: «In tema di induzione indebita ex art. 319-quater, cod. pen., qualora rispetto al vantaggio prospettato, quale conseguenza della promessa o della dazione indebita dell'utilità, si accompagni anche un male ingiusto di portata assolutamente sproporzionata, la presenza di un utile immediato e contingente per il destinatario dell'azione illecita risulta priva di rilievo ai fini della possibile distinzione tra costrizione da concussione ed induzione indebita, in quanto, in tal caso, il beneficio risulta integralmente assorbito dalla preponderanza del male ingiusto»;

Cass. Pen., Sez. VI, 25.06.2021, sent. n. 37509: «In tema di induzione indebita, il reato è integrato qualora il privato indotto formuli un'effettiva promessa al soggetto pubblico inducente, perfezionando un reale accordo tra loro, a nulla rilevando che il privato si sia successivamente risolto a non dar seguito all'accordo; viceversa, si configura l'ipotesi tentata nel caso in cui l'accordo sia solo apparente, in quanto il privato ha simulatamente promesso la dazione»;

Cass. Pen., Sez. VI, 25.02.2021, sent. n. 10066: «In tema di induzione indebita a dare o promettere utilità, l'abuso dei poteri da parte del pubblico ufficiale può realizzarsi anche in forma omissiva attraverso il mancato compimento di atti doverosi, ove tale comportamento sia idoneo ad indurre il privato alla dazione o alla promessa dell'indebito» (nella fattispecie un agente di polizia, in occasione del controllo di un veicolo risultato privo di copertura assicurativa, ometteva di contestare la violazione al soggetto controllato, chiedendogli, all'esito di tale controllo, un'utilità, sfruttando in tal modo la consapevolezza del privato di poter essere in ogni momento sanzionato ove non avesse assecondato le richieste del pubblico agente)»;

Cass. Pen., Sez. VI, 6.02.2020, sent. n. 7971/2020: «L'induzione indebita a dare o promettere utilità può essere alternativamente esercitata dal pubblico agente mediante l'abuso dei poteri, consistente nella prospettazione dell'esercizio delle proprie potestà funzionali per scopi diversi da quelli leciti, ovvero con l'abuso della qualità, consistente nella strumentalizzazione della posizione rivestita all'interno della pubblica amministrazione, anche indipendentemente dalla sfera di competenza specifica» (Fattispecie di richiesta di danaro, ritenuta integrare abuso della qualità, rivolta da un cancelliere agli amministratori di un'azienda coinvolta in un'indagine, accreditando loro la possibilità di incidere, in qualità di impiegato dell'ufficio, sui tempi e sugli esiti del procedimento);

Cass. Pen., Sez. VI, 31.10.2019, sent. n. 44596: «I reati di induzione indebita ex art. 319-*quater* cod. pen. e di truffa aggravata commessi da pubblico ufficiale, pur avendo in comune l'abuso da parte del pubblico ufficiale della pubblica funzione al fine di conseguire un indebito profitto, si differenziano per il fatto che nel primo colui che dà o promette non è vittima di errore e conclude volontariamente un negozio giuridico illecito in danno della pubblica amministrazione per conseguire un indebito vantaggio, laddove, invece, nella truffa, il pubblico ufficiale si procura un ingiusto profitto sorprendendo la buona fede del soggetto passivo mediante artifici o raggiri ai quali la qualità di pubblico ufficiale conferisce maggiore efficacia» (nella fattispecie concreta la Corte ha ritenuto integrativa del reato di truffa aggravata la condotta del custode del cimitero il quale, in concorso con l'impiegato addetto alle esumazioni, dopo l'esecuzione delle stesse, induceva i familiari del defunto a corrispondere somme di danaro non dovute, tacendo della gratuità del servizio);

Cass. Pen., Sez. VI, 2.09.2019, sent. n. 36827: «Integra il delitto di induzione indebita ex art. 319-quater cod. pen. la condotta di un appartenente alle forze dell'ordine che riceva prestazioni sessuali gratuite da prostitute extracomunitarie in cambio della rivelazione di notizie riservate relative ad un procedimento penale a loro carico e dell'aiuto a sottrarsi alle investigazioni»;

Cass. Pen., Sez. VI, 15.06.2018, sent. n. 27723: «Ai fini della consumazione del delitto di induzione indebita di cui all'art. 319-quater cod. pen., è sufficiente la promessa di denaro o altra utilità fatta dall'indotto al pubblico ufficiale o all'incaricato di pubblico servizio, senza che abbia rilevanza alcuna né la riserva mentale di non adempiere nè l'intendimento di sollecitare l'intervento della polizia giudiziaria affinché la dazione avvenga sotto il suo controllo».

Istigazione alla corruzione

Ai sensi dell'art. 322, primo comma, chiunque offre o promette denaro od altra utilità non dovuti ad un pubblico ufficiale o ad un incaricato di un pubblico servizio, per l'esercizio delle sue funzioni o dei suoi poteri, qualora l'offerta o la promessa non sia accettata, soggiace alla pena della reclusione da 3 ad 8 anni, ridotta di 1/3: la stessa pena è applicata anche al pubblico ufficiale o all'incaricato di un pubblico servizio che sollecita una promessa o una dazione di denaro o di altra utilità per l'esercizio delle sue funzioni o dei suoi poteri (terzo comma).

Il secondo comma stabilisce che se l'offerta o la promessa è fatta per indurre un pubblico ufficiale o un incaricato di un pubblico servizio ad omettere o ritardare un atto del suo ufficio, oppure a fare un atto contrario ai suoi doveri, qualora l'offerta o la promessa non sia accettata, il colpevole soggiace alla pena della reclusione da 6 a 10 anni, ridotta di 1/3. In virtù del quarto comma, la medesima pena della reclusione da 3 ad 8 anni ridotta di 1/3, di cui al primo comma, si applica anche al pubblico ufficiale o all'incaricato di un pubblico servizio che sollecita una promessa o una dazione di denaro o di altra utilità da parte di un privato per le finalità indicate dall'art. 319 (ossia per omettere o ritardare un atto del suo ufficio oppure per compiere un atto contrario ai doveri d'ufficio). Ad ogni modo, in caso di condanna si applicherà altresì la pena accessoria dell'incapacità di contrattare con la P.A.

Come intuibile, incriminando un'istigazione non accolta, la fattispecie in esame costituisce una deroga alla fattispecie di cui all'art. 115 (*'accordo per commettere un reato. Istigazione*). Inoltre, per integrare l'*istigazione alla corruzione* è sufficiente la semplice offerta o promessa di denaro o di altra utilità non dovuti, purché sia caratterizzata da adeguata serietà e sia in grado di turbare psicologicamente il pubblico funzionario (figure normativamente contemplate), sì che sorga il pericolo che lo stesso ne accetti l'offerta o la promessa: trattasi, quindi, di '*reato di mera condotta*'.

Di seguito, alcune pronunce giurisprudenziali relative alla disposizione in esame:

Cass. Pen., Sez. VI, 17.11.2021, sent. n. 47216: «Integra il delitto di istigazione alla corruzione impropria l'offerta o la promessa di danaro o di altra utilità operata in relazione ad una funzione o ad un potere già esercitati dal pubblico ufficiale, atteso il tenore letterale della disposizione di cui all'art. 322, comma primo, cod. pen., come novellato dalla legge 6 novembre 2012, n. 190, che consente di punire ogni forma di istigazione del privato "per l'esercizio delle funzioni o poteri", senza alcuna preclusione che ne limiti l'applicazione al futuro esercizio di tali poteri o funzioni»;

Cass. Pen., Sez. VI, 13.10.2020, sent. n. 33655: «In tema di istigazione alla corruzione, l'accettazione della proposta corruttiva, che esclude la fattispecie incriminatrice ex art. 322 cod. pen., rendendo configurabile quella più grave di corruzione, deve essere connotata da effettività e concretezza, sicchè non può ritenersi adesiva alle richieste del proponente la condotta del pubblico agente che, secondo una valutazione "ex ante" ed in concreto, non appaia idonea a determinare almeno un inizio di trattativa, né sia significativa di un impegno assunto per accondiscendere ad essa» (ivi la Corte ha ritenuto integrato il reato di istigazione alla corruzione in un caso in cui il funzionario di un ufficio immigrazione riceveva 'materialmente' un acconto in danaro sull'offerta corruttiva, ma con riserva mentale, subito dopo informando il proprio superiore e sporgendo denuncia, così da permettere il tempestivo avvio delle indagini nei confronti dell'istigatore);

Cass. Pen., Sez. VI, 25.02.2019, sent. n. 8300: «In tema di reati contro la pubblica amministrazione, integra il delitto di istigazione alla corruzione la condotta del pubblico agente che si attivi per instaurare un rapporto paritetico con il privato volto al mercimonio dei propri poteri, a condizione che la stessa, con valutazione "ex ante" effettuata tenendo conto delle circostanze concrete, risulti potenzialmente idonea a indurre il privato ad accedere all'accordo corruttivo» (nella motivazione, la Corte ha chierito che l'idoneità della condotta va valutata in considerazione dell'entità del corrispettivo richiesto dal pubblico ufficiale, delle qualità personali del destinatario della proposta e del suo interesse al rilascio dell'atto oggetto della compravendita);

Cass. Pen., Sez. VI, 4.08.2017, sent. n. 38920: «È

configurabile il reato di istigazione alla corruzione in atti giudiziari nel caso in cui la condotta tipica unilaterale prevista dall'art. 322 cod. pen. sia connotata dal dolo specifico della finalità di favorire o danneggiare una parte processuale, atteso che la descrizione delle condotte punibili a titolo di istigazione, contenuta in tale norma, ricomprende anche quelle disciplinate dall'art. 319-ter cod. pen; ciò non esclude la configurabilità del tentativo di corruzione in atti giudiziari nel caso in cui entrambi i protagonisti del rapporto, svolgendo un ruolo attivo, pongano in essere una trattativa, poi fallita» (secondo la Corte – cfr. ivi, in motivazione, nel caso di istigazione alla corruzione in atti giudiziari non possono applicarsi le pene previste dall'art. 319-*ter* cod. pen., dovendosi fare riferimento alle sole pene di cui agli artt. 318-319 cod. pen., ridotte di un terzo);

Cass. Pen., Sez. VI, 21.04.2017, sent. n. 19319: «Ai fini della configurabilità del delitto di istigazione alla corruzione impropria, l'offerta (o la semplice promessa) può essere effettuata anche in relazione ad una funzione o ad un potere già esercitati dal pubblico ufficiale, sia in ragione del tenore letterale dell'art. 322, comma primo, cod. pen., come novellato dalla l. 6 novembre 2012, n. 190, - che non consente di delimitarne l'ambito di operatività alla sola istigazione alla corruzione impropria proiettata verso il futuro esercizio dei poteri o delle funzioni del destinatario dell'offerta o della promessa - sia in considerazione del rapporto tra le fattispecie previste dal primo e dal secondo comma dell'art. 322 cod. pen., che, replicando quello tra le fattispecie base di corruzione, consente di punire, ai sensi del primo comma, ogni forma di istigazione del privato "per l'esercizio delle funzioni o dei poteri" che non ricada nella ipotesi più grave sanzionata dal secondo comma. - L'offerta o la promessa di donativi di modesta entità (nella specie, la somma di 50 euro), quale manifestazione di gratitudine o di apprezzamento per l'attività già compiuta dal pubblico ufficiale in termini conformi ai doveri d'ufficio, non configura il delitto di istigazione alla corruzione impropria susseguente, ai sensi dell'art. 322, comma primo, cod. pen., in ragione della inoffensività della condotta dell'agente» (la Corte ha chiarito che con il codice di comportamento dei dipendenti pubblici, adottato con il D.P.R. 62/2013, lo stesso legislatore ha escluso la rilevanza penale dei donativi di modico valore, nell'ordine massimo di 150 euro: cfr. ivi, in motivazione).

Peculato, concussione, induzione indebita a dare o promettere utilità, corruzione e istigazione alla corruzione di membri della Corte Penale internazionale o degli organi delle Comunità europee e di funzionari delle Comunità europee e di Stati esteri

L'art. 322-*bis* c.p., costituendo un adeguamento a quanto statutariamente previsto dalla Corte Penale internazionale, opera un'estensione dell'applicabilità delle disposizioni sin qui esaminate ai fatti commessi dai soggetti nominativamente indicati dalla disposizione medesima, tra i quali: membri della Commissione delle Comunità europee, del Parlamento europeo, della Corte di Giustizia e della Corte dei Conti delle Comunità europee; funzionari ed agenti assunti dalle Comunità europee; persone comandate dagli Stati membri; giudici, magistrati in genere e funzionari della Corte Penale internazionale, etc...

La disposizione in esame contiene la previsione per cui le disposizioni sull'induzione indebita a dare o promettere utilità (in particolare per quanto previsto dal secondo comma dell'art. 319-*quater* sull'azione del donante o del promittente), sulle pene per il corruttore (art. 321) e sull'istigazione alla corruzione si applicano anche se il denaro o l'altra utilità è dato, offerto o promesso, oltre che alle persone sopra citate, anche a chi esercita funzioni o attività corrispondenti a quelle dei pubblici ufficiali e degli incaricati di pubblico servizio nell'ambito di tali Stati esteri od Organizzazioni pubbliche internazionali, qualora il fatto sia commesso per procurare a sé o ad altri indebiti vantaggi in operazioni economiche internazionali oppure al fine di ottenere o di mantenere un'attività economica o finanziaria.

Di seguito, alcune pronunce giurisprudenziali relative alla disposizione in esame:

Cass. Pen., Sez. VI, 18.06.2019, sent. n. 26969: «In tema di sequestro preventivo finalizzato alla confisca per equivalente ex art. 322-ter cod. pen., non possono essere considerate profitto del reato di peculato le somme corrispondenti alle ritenute fiscali operate dal datore di lavoro sulle retribuzioni corrisposte agli autori dell'illecito, in quanto, essendo versate in via immediata all'Erario, non entrano nella loro diretta disponibilità patrimoniale e non realizzano alcun vantaggio economico per gli stessi» (Fattispecie di sequestro di somme relative a voci stipendiali illecitamente percepite da dirigenti di un'azienda pubblica, disposto "al lordo" di imposte, tasse, oneri e ritenute, in cui la Corte ha precisato che i contributi previdenziali versati per conto dei dipendenti, esercitando effetti diretti sul loro trattamento previdenziale e pensionistico, costituiscono, invece, un vantaggio economico di diretta ed immediata derivazione causale dal reato);

Cass. Pen., Sez. VI, 25.02.2013, sent. n. 9106: «Anche per il reato di corruzione internazionale, previsto dall'art. 322 bis c.p., trovano applicazione le regole dettate dagli artt. 7, 9 e 10 c.p., per cui, qualora il reato sia commesso in territorio estero, occorre, per la sua procedibilità in Italia, che vi sia la richiesta del Ministro della giustizia».

Confisca dei beni che costituiscono il profitto o il prezzo dei reati previsti dagli artt. 314 – 320

Ai sensi dell'art. 322-*ter* c.p., in caso di condanna o di pena patteggiata per uno dei delitti sin qui esaminati (artt. 314 – 320), anche se commessi dai soggetti 'europei' o 'internazionali' indicati nell'art. 322-*bis* (cfr. par. precedente), è sempre ordinata la confisca dei beni che ne costituiscono il profitto o il prezzo, salvo che appartengano a persona estranea al reato, oppure, quando tale confisca non è possibile, è ordinata la '*confisca per equivalente*' [2] dei beni di cui il reo ha disponibilità, per un valore corrispondente a tale prezzo o profitto (primo comma). Ciò vale anche per il corruttore, ma, ai sensi del secondo comma, solo relativamente al '*profitto*' e comunque per un valore non inferiore a quello del denaro o delle altre utilità date o promesse. In questi casi il Giudice, con la sentenza di condanna, determina la somma di denaro o individua i beni

---

2 Tale tipologia consente l'acquisizione dei beni costituenti il prezzo o il profitto del reato, quando questo non è possibile in via diretta, anche nella forma '*per equivalente*', ossia colpendo beni di cui il reo abbia disponibilità per un valore corrispondente a quello del prezzo o del profitto dell'illecito. La confisca per equivalente ha caratteristiche sue proprie: anzitutto la confisca in questione è '*residuale*', operando solo laddove non sia possibile procedere con una confisca '*diretta*'. Ove contemplata, la confisca per equivalente ha poi sempre carattere obbligatorio e sanzionatorio. La sua caratteristica peculiare è che non rileva il carattere di pertinenzialità del bene oggetto di confisca con il commesso reato: infatti, il bene confiscato può benissimo essere stato acquistato molto tempo prima della commissione del reato in maniera pienamente legittima. Detta confisca deve essere disposta obbligatoriamente dal giudice in caso di condanna ovvero di sentenza di applicazione pena ex art. 444 c.p.p., per uno dei reati per i quali è prescritta, ma ad essa si può ricorrere anche nel corso delle indagini preliminari con lo strumento del '*sequestro preventivo*', *ex* art. 321 co. 2-*bis* c.p.p. Particolare significato riveste poi l'art. 1 comma 143 della legge 24 dicembre 2007 (Finanziaria 2008) che ha esteso l'istituto della confisca per equivalente anche ai delitti tributari, con l'eccezione dell'occultamento o distruzione di documenti contabili.

assoggettati a confisca in quanto costituenti il profitto o il prezzo del reato ovvero in quanto di valore corrispondente al profitto o al prezzo del reato (terzo comma).

I beni sequestrati nell'ambito dei procedimenti penali relativi ai delitti in esame, diversi dal denaro e dalle disponibilità finanziarie, possono essere affidati dall'Autorità Giudiziaria in custodia giudiziale agli organi della Polizia Giudiziaria che ne facciano richiesta per le proprie esigenze operative (la L. 3/2019 ha introdotto questa novità normativa all'art. 322-*ter.1*). Inoltre, con la sentenza di condanna per tali delitti è sempre ordinato il pagamento di una somma equivalente al prezzo o al profitto del reato a titolo di riparazione pecuniaria in favore dell'Amministrazione lesa dalla condotta del pubblico funzionario, restando comunque impregiudicato il diritto al risarcimento del danno (art. 322-*quater*, come modificato dalla L. 3/2019). L'art. 640-*quater* ha poi esteso l'applicabilità delle disposizioni sulla confisca ai reati di truffa ai danni dello Stato, di truffa aggravata per il conseguimento di erogazioni pubbliche e di frode informatica, ma con esclusione – in tale ultimo caso – dell'ipotesi in cui il fatto è commesso con abuso della qualità di *operatore del sistema*.

Il discorso va completato ricordando che l'art. 355-*bis* c.p. dispone che, salvo quanto previsto nel caso di confisca disciplinata dall'art. 322-*ter* in esame, nel caso di condanna per delitti dei pubblici ufficiali contro la P.A. è comunque ordinata la confisca anche nelle ipotesi di cui all'art. 240, primo comma, ossia relativamente alle cose (anche se trattasi di *strumenti informatici*) che servirono o furono destinate a commettere il reato, che ne sono il prodotto, il profitto o il prezzo, etc...

Di seguito, alcune massime giurisprudenziali relative alla disposizione in esame:

Cass. Pen., Sez. II, 17.03.2023, sent. n. 22073: «In tema sequestro preventivo funzionale alla confisca ex art. 322-ter cod. pen., il vincolo può essere disposto nei confronti di uno dei concorrenti nel reato, per l'intero importo del prezzo o profitto dello stesso, nonostante le somme di illecita provenienza siano state incamerate, in tutto o in parte, da altri concorrenti, salvo l'eventuale riparto tra i medesimi, che costituisce fatto interno a costoro, privo di rilievo penale, stante il principio solidaristico che uniforma la disciplina del concorso di persone e che, di conseguenza, implica l'imputazione dell'intera azione delittuosa a ciascun agente, nonché la natura della confisca per equivalente, a cui va riconosciuto carattere eminentemente sanzionatorio»;

Cass. Pen., Sez. II, 08.03.2023, sent. n. 17354: «In tema di confisca "per equivalente", trova applicazione, per la natura di diritto sostanziale dell'istituto, il principio di irretroattività delle norme penali sfavorevoli al reo, sicché risulta preclusa l'applicabilità della previsione dell'art. 578-bis cod. proc. pen., relativa alla confisca in caso di estinzione del reato per prescrizione»;

Cass. Pen., Sez. VI, 23.02.2023, sent. n. 12513: «Ai fini dell'adozione del sequestro preventivo preordinato alla confisca ex art. 322-ter cod. pen, è sufficiente, qualora sussista il "fumus" di uno dei delitti contro la pubblica amministrazione, il mero presupposto della confiscabilità del bene, senza alcuna ulteriore specificazione in ordine alle ragioni che rendono necessaria l'anticipazione dell'effetto ablativo rispetto alla definizione del giudizio con sentenza di condanna e di applicazione della pena»;

Cass. Pen., Sez. II, 02.04.2021, sent. n. 19645: «Si può procedere alla confisca in assenza di condanna (nella specie, per intervenuta estinzione del reato a seguito di prescrizione) anche quando sia "per equivalente", sempre che rientri in una delle ipotesi previste dall'art. 322-ter cod. pen., giacché il richiamo contenuto nell'art. 578-bis cod. proc. pen. alla confisca di cui all'art. 322-ter cod. pen. non è limitato ai soli casi di confisca diretta di cui al primo comma dell'art. 322-ter medesimo» (In motivazione, la Suprema Corte ha sottolineato che la natura solo "parzialmente sanzionatoria" della confisca di valore - in quanto connotata piuttosto da una funzione ripristinatoria diretta al riallineamento degli squilibri patrimoniali generati dall'illecito - non implica la sua attrazione nell'area della sanzione penale in senso stretto);

Cass. Pen., Sez. VI, 20.01.2021, sent. n. 4727: «In tema di corruzione, la confisca per equivalente prevista dall'art. 322-ter, comma secondo, cod. pen., avendo natura sanzionatoria, non può coinvolgere indifferentemente ciascuno dei concorrenti del reato per l'intera entità del profitto accertato, ma deve essere commisurata al grado di partecipazione di ciascun concorrente al profitto, che può essere desunta, in assenza di elementi diversi, anche da criteri sintomatici idonei a corroborare il giudizio di responsabilità, fermo restando che, ove non risulti possibile utilizzare un criterio attendibile di riparto, è legittima la suddivisione dell'importo pro-quota»;

Cass. Pen., Sez. V, 20.10.2020, sent. n. 36069: « In tema di confisca per equivalente, l'esecuzione della misura per l'intera entità del profitto accertato nei confronti del concorrente che materialmente ha ricavato una minore utilità dal reato o non ne abbia ricavato alcuna non si pone in contrasto con il principio di proporzionalità di cui all'art. 1, prot.1, CEDU, posto a presidio del diritto di proprietà, dovendo questo essere parametrato alla produzione del profitto illecito e non alla sua effettiva disponibilità, sicché, nel caso di impossibilità di un suo recupero, tutti coloro che abbiano concorso a realizzarlo risponderanno con i propri beni»;

Cass. Pen., Sez. II, 18.06.2019, sent. n. 26969: «In tema di sequestro preventivo finalizzato alla confisca per equivalente ex art. 322-*ter* cod. pen., non possono essere considerate profitto del reato di peculato le somme corrispondenti alle ritenute fiscali operate dal datore di lavoro sulle retribuzioni corrisposte agli autori dell'illecito, in quanto, essendo versate in via immediata all'Erario, non entrano nella loro diretta disponibilità patrimoniale e non realizzano alcun vantaggio economico per gli stessi» (Fattispecie di sequestro di somme relative a voci di stipendio illecitamente percepite da dirigenti di un'azienda pubblica, disposto "al lordo" di imposte, tasse, oneri e ritenute, in cui la Corte ha precisato che i contributi previdenziali versati per conto dei dipendenti, esercitando effetti diretti sul loro trattamento previdenziale e pensionistico, costituiscono, invece, un vantaggio economico di diretta ed immediata derivazione causale dal reato);

Cass. Pen., Sez. II, 21.07.2017, sent. n. 36175: «Ai fini del sequestro preventivo, funzionale alla confisca per equivalente di cui all'art. 322-ter cod. pen. della somma di denaro depositata su un conto corrente bancario cointestato con un soggetto estraneo al reato, la misura preventiva reale si estende ai beni comunque nella disponibilità dell'indagato, senza che a tal fine possano rilevare presunzioni o vincoli posti dal codice civile (artt. 1289 e 1834) per regolare i rapporti interni tra creditori e debitori solidali o i rapporti tra banca e depositante, ferma restando la possibilità nel prosieguo di procedere ad un effettivo accertamento dei beni di esclusiva proprietà di terzi estranei al reato» (applicando questo principio la Corte ha rigettato il ricorso del terzo interessato evidenziando, peraltro, che nel caso di specie l'indagato, in forza di una delega ad operare senza limitazioni, aveva la possibilità di disporre dell'intera provvista delle somme e dei valori depositati sul conto corrente cointestato);

Cass. Pen., Sez. III, 23.08.2016, sent. n. 35330: «In tema di reati tributari, il pubblico ministero è legittimato, sulla base del compendio indiziario emergente dagli atti processuali, a chiedere al giudice il sequestro preventivo nella forma per "equivalente", invece che in quella "diretta", all'esito di una valutazione allo stato degli atti della capienza patrimoniale dell'ente che ha tratto vantaggio dalla commissione del reato, dovendosi escludere, peraltro, che in tale valutazione possano rientrare considerazioni di "prudenza investigativa" estranee alla concrete difficoltà di accertamento del patrimonio dell'ente beneficiato».

Cass. Pen., Sez. III, 22.08.2016, sent. n. 35226: «In materia di reati tributari, sussiste continuità normativa - e non si pone pertanto alcuna questione di diritto intertemporale - tra il reato di cui all'art. 12-*bis*, comma secondo, D.Lgs. 10 marzo 2000 n. 74 (introdotto dal D.Lgs. 24 settembre 2015 n. 158), che prevede la confisca per equivalente dei beni che costituiscono il profitto o il prezzo del reato e la fattispecie prevista dall'art. 322-*ter* cod. pen., richiamato dall'art. 1, comma 143, l. 24 dicembre 2007, n. 244, abrogata dall'art. 14 del D.Lgs. n. 158 del 2015».

Abuso d'ufficio

L'*abuso d'ufficio* è stato abrogato dalla 'Riforma Nordio' del 2023-2024. Nel relativo disegno di legge si è considerata l'opportunità di abrogare tale disposizione data l'«applicazione minimale da parte delle corti italiane» e la significativa mole di archiviazioni dei relativi procedimenti (anni 2021 e 2022). Si è aggiunto che «Il sistema dei delitti contro la pubblica amministrazione resta, comunque, un apparato repressivo estremamente articolato; d'altro canto, l'intera gamma dei reati comuni è punita più gravemente se essi sono posti in essere con abuso di poteri o con violazione dei doveri inerenti alla pubblica funzione o al pubblico servizio. Resta ferma, peraltro, la possibilità di valutare in prospettiva futura specifici interventi additivi volti a sanzionare, con formulazioni circoscritte e precise, condotte meritevoli di pena in forze di eventuali indicazioni di matrice euro-unitaria che dovessero sopravvenire».

Tale delitto era disciplinato dall'art. 323 c.p., il quale disponeva che, salvo che il fatto non costituisse più grave reato, il pubblico ufficiale o l'incaricato di pubblico servizio che, nello svolgimento delle funzioni o del servizio, in violazione di norme di legge o di regolamento, oppure omettendo di astenersi in presenza di un interesse proprio o di un prossimo congiunto o negli altri casi prescritti, intenzionalmente procurava a sé o ad altri un ingiusto vantaggio patrimoniale o arrecava ad altri un danno ingiusto era punito con la reclusione da 1 a 4 anni (primo comma). La pena era aumentata se il vantaggio o il danno erano di rilevante gravità (secondo comma).

Come si evinceva dal dettato normativo, *soggetti attivi* non potevano che essere il pubblico ufficiale o l'incaricato di pubblico servizio. Quanto alla *condotta*, secondo Cass. SS. UU. n. 155/2012 sussisteva violazione di legge non solo quando la condotta del pubblico ufficiale fosse svolta in contrasto con le norme regolatrici dell'esercizio del potere, ma anche quando la stessa risultasse orientata alla sola realizzazione di un interesse collidente con quello per il quale il potere era attribuito, realizzandosi in tal modo lo *'sviamento di potere'*, che integrava la violazione di legge (poiché esso non veniva esercitato in base allo schema normativo che ne legittimava l'attribuzione). Al contempo, la disposizione in esame faceva altresì espresso riferimento alla *'violazione di norme di regolamento'*, per cui – da altro punto di vista – non sarebbe stato penalmente rilevante l'*eccesso di potere*, da cui sarebbe discesa l'insindacabilità da parte del giudice circa il potere discrezionale della Pubblica Amministrazione.

Relativamente alla configurabilità del reato in questione, Cass. n. 32237/2014 ebbe modo di precisare che essa aveva luogo ove la condotta: a) si ponesse in contrasto col significato logico-sistematico di una norma di legge o di regolamento; b) contraddicesse lo specifico fine perseguito dalla norma, concretandosi in uno *'svolgimento della funzione o del servizio'* che oltrepassasse ogni possibile scelta discrezionale attribuita al soggetto attivo-pubblico funzionario. Al contrario, il reato non sussisteva qualora si fosse in presenza di un quadro normativo disorganico e suscettibile di contrapposte letture interpretative, che impedisse di individuare con certezza una condotta violativa del contenuto precettivo di una precisa disposizione di legge o di regolamento.

Dall'esame della norma ben si comprendeva come ci si trovasse al cospetto di un *'reato di danno'*, per cui non era sufficiente la sola intenzione di arrecare un ingiusto vantaggio o un ingiusto danno (come invece nel 'reato di pericolo'), ma ne occorreva la sua produzione concreta, sotto un profilo patrimoniale: ne discendeva che solo in quel momento poteva dirsi *consumato* il reato *de quo*. Va aggiunto che, nel caso in cui la condotta abusiva avesse prodotto l'indebito rilascio di un permesso di costruire, il *'vantaggio'* costituente il momento consumativo si identificava già al rilascio del titolo (poiché già allora si ampliava la sfera dei diritti patrimoniali del beneficiato) e non nel successivo momento della costruzione dell'immobile. Era positivamente configurabile, pertanto, altresì il *tentativo*.

Elemento soggettivo e circostanze. Era richiesto il '*dolo generico*': infatti, la norma usava l'avverbio «intenzionalmente», volendo intendere la coscienza e volontà dell'agente relativamente sia all'abuso che all'ingiusto vantaggio o danno. Va precisato che l'uso di tale avverbio implicava la sussistenza del reato solo quando l'agente si rappresentava e voleva l'evento contemplato dalla disposizione (danno altrui o vantaggio patrimoniale proprio o altrui) quale conseguenza diretta ed immediata dalla propria condotta e come obiettivo primario perseguito, e non invece quando intendeva perseguire l'interesse pubblico come obiettivo primario (Cass. n. 708/2004).

Pertanto, non era configurabile il '*dolo intenzionale*', e quindi non sussisteva abuso d'ufficio, se l'evento tipico era mera conseguenza accessoria dell'operato del pubblico funzionario, diretto primariamente a perseguire l'obiettivo di un interesse pubblico di preminente rilievo, riconosciuto dall'ordinamento e idoneo ad oscurare il concomitante favoritismo o danno per il privato: Cass. n. 21091/2004. Relativamente alle *circostanze,* il reato era aggravato ove il vantaggio o il danno avessero carattere di rilevante gravità, mentre era attenuato se i fatti si rivelano di speciale tenuità (art. 323-*bis*).

Di seguito, alcune pronunce sulla disposizione in esame:

Cass. Pen., Sez. VI, 17.02.2022, sent. n. 30586: «In tema di abuso di ufficio, integra la violazione di specifiche regole di condotta previste dalla legge, come richiesto dalla nuova formulazione dell'art. 323, cod. pen. ad opera dell'art. 16 d.l. 16 luglio 2020, n. 76, convertito nella legge 11 settembre 2020, n. 120, l'inosservanza, da parte del dirigente o del responsabile del competente ufficio comunale, del dovere di vigilanza sull'attività urbanistico-edilizia, in quanto l'art. 27 d.P.R. 6 giugno 2001, n. 380, ne impone l'osservanza onde assicurare la conformità dell'anzidetta attività alle norme di legge e di regolamento, alle prescrizioni degli strumenti urbanistici e alle modalità fissate nei titoli abilitativi»;

Cass. Pen., Sez. VI, 31.10.2019, sent. n. 44598: «In tema di abuso di ufficio, la nozione di danno ingiusto non ricomprende le sole situazioni giuridiche attive a contenuto patrimoniale ed i corrispondenti diritti soggettivi, ma è riferita anche agli interessi legittimi, in particolare quelli di tipo pretensivo, suscettibili di essere lesi dal diniego o dalla ritardata assunzione di un provvedimento amministrativo, sempre che, sulla base di un giudizio prognostico, il danneggiato avesse concrete opportunità di conseguire il provvedimento a sé favorevole, così da poter lamentare una perdita di "chances"» (fattispecie in cui il direttore generale di un'azienda ospedaliera conferiva incarico di responsabile del procedimento per l'esecuzione di lavori ingegneristici ad un soggetto esterno, anziché al tecnico di ruolo interno all'azienda il quale vantava un'aspettativa concreta a ricevere tale incarico, in ragione del ristrettissimo numero dei legittimi aspiranti e della circostanza che, in un momento successivo, quella funzione sarebbe stata assegnata proprio a lui);

Cass. Pen., Sez. II, 8.03.2019, sent. n. 10224: «In tema di abuso d'ufficio, non ricorre il dolo intenzionale nel caso in cui l'agente persegua esclusivamente la finalità di realizzare un interesse pubblico ovvero quando, pur nella consapevolezza di favorire un interesse privato, sia stato mosso esclusivamente dall'obiettivo di perseguire un interesse pubblico, con conseguente degradazione del dolo di procurare a terzi un vantaggio da dolo intenzionale a mero dolo diretto o eventuale e con esclusione, quindi, di ogni finalità di favoritismo privato». (fattispecie in cui la Corte ha annullato, limitatamente alle questioni civili, la sentenza di merito, che aveva assolto l'imputato per difetto dell'elemento psicologico, non essendo stati illustrati i motivi per cui non si sarebbe potuto ugualmente realizzare un contenimento dei costi osservando la procedura di gara dettata in tema di appalti pubblici, anziché quella di affidamento diretto dei lavori concretamente adottata);

Cass. Pen., Sez. VI, 28.12.2018, sent. n. 58412: «In tema di abuso d'ufficio, l'ingiustizia del danno non può essere desunta implicitamente dall'illegittimità della condotta, in quanto il requisito della doppia ingiustizia presuppone l'autonoma valutazione degli elementi costitutivi del reato» (nella specie la Corte ha annullato la sentenza impugnata che, ravvisata la violazione di legge nell'illegittimo compimento di un atto, rientrante nella competenza del Consiglio regionale, da parte della Giunta, aveva fatto discendere automaticamente da tale condotta la produzione di un danno ingiusto all'ente regionale);

Cass. Pen., Sez. VI, 23.11.2018, sent. n. 52882: «In tema di abuso d'ufficio, la prova del dolo intenzionale non presuppone l'accertamento dell'accordo collusivo con la persona che si intende favorire, potendo essere desunta anche dalla macroscopica illegittimità dell'atto, sempre che tale valutazione non discenda dal mero comportamento "non iure" dell'agente, ma risulti anche da elementi ulteriori concordemente dimostrativi dell'intento di conseguire un vantaggio patrimoniale o di cagionare un danno ingiusto» (Fattispecie in cui la Corte ha confermato la decisione impugnata che ha desunto l'esistenza del dolo intenzionale dal fatto che l'imputato, nella qualità di dipendente comunale cui era stata demandata la verifica della legittimità di opere edili, manteneva una condotta inerte e dilatoria, nonostante la macroscopica illegittimità dell'opera e le insistenti richieste di procedere a verifica);

Cass. Pen., Sez. VI, 21.05.2018, sent. n. 22523: «In tema di abuso d'ufficio, la prassi amministrativa di disapplicare un regolamento comunale non abilita di per sé il pubblico ufficiale ad invocare la condizione soggettiva d'ignoranza inevitabile della legge penale che vale ad escludere l'elemento soggettivo del reato, in quanto non può attribuirsi valenza scriminate ad un comportamento contra legem alla cui formazione egli stesso abbia contribuito» (secondo la Corte, grava su chi è professionalmente inserito in un settore collegato alla materia disciplinata dalla norma integratrice del precetto penale, un dovere di diligenza "rafforzato" di rispettare la legge ed i regolamenti che regolano l'attività: cfr. ivi, in motivazione).

Cass. Pen., Sez. VI, 4.05.2018, sent. n. 19519: «In tema di abuso d'ufficio, la violazione di legge cui fa riferimento l'art. 323 cod. pen. riguarda non solo la condotta del pubblico ufficiale in contrasto con le norme che regolano l'esercizio del potere, ma anche quelle che siano dirette alla realizzazione di un interesse collidente con quello per quale il potere è conferito, ponendo in essere un vero e proprio sviamento della funzione» (nella specie il sindaco di un Comune aveva disposto la revoca dell'incarico dirigenziale ricoperto da un dipendente candidatosi in una lista contrapposta, apparentemente giustificato tale scelta con esigenze di contenimento della spesa senza che, tuttavia, fosse stata previamente deliberata una diversa organizzazione degli uffici).

Utilizzazione di invenzioni o scoperte conosciute per ragioni d'ufficio

Ai sensi dell'art. 325, il pubblico ufficiale o l'incaricato di pubblico servizio che impiega, a profitto personale o altrui, invenzioni o scoperte scientifiche o nuove applicazioni industriali che egli conosca per ragioni d'ufficio o di servizio, e che debbano rimanere segrete, è punito con la reclusione da 1 a 5 anni e con multa non inferiore ad € 516.

Rivelazione ed utilizzazione di segreti d'ufficio

Questo delitto è disciplinato dall'art. 326 c.p., il quale al primo comma prevede la reclusione da 6 mesi a 3 anni per il pubblico funzionario che, violando i doveri inerenti alle funzioni o al servizio, o comunque abusando della sua qualità, riveli notizie d'ufficio che debbano rimanere segrete o ne agevoli in qualsiasi modo la conoscenza.

Nel caso in cui l'agevolazione sia soltanto colposa (negligenza, imprudenza, imperizia) la reclusione è invece fino ad un anno (secondo comma). In base al terzo comma, se tale pubblico ufficiale o incaricato di pubblico servizio si avvale di notizie d'ufficio, che debbano rimanere segrete, per procurare a sé o ad altri un indebito profitto patrimoniale, soggiace, in caso di condanna, alla pena della reclusione da 1 a 5 anni, che scende invece a 2 anni se il fatto è commesso al fine di procurare a sé o ad altri un ingiusto profitto non patrimoniale o di cagionare ad altri un danno ingiusto.

Di seguito, alcune massime giurisprudenziali sulla disposizione in esame:

Cass. Pen., Sez. VI, 18.10.2022, sent. n. 39312: «La rilevazione di segreto d'ufficio non sussiste nella generale ipotesi della notizia divenuta di dominio pubblico, o di notizie futili o insignificanti nonché nel caso in cui, trattandosi di notizie d'ufficio ancora segrete, le stesse siano rivelate a persone autorizzate a riceverle»;

Cass. Pen., Sez. VI, 23.07.2018, sent. n. 34928: «In tema di rivelazione di segreti d'ufficio, ai fini della sussistenza del concorso nel reato dell' "extraneus", è necessario che questi non si sia limitato a ricevere la notizia, ma abbia istigato o indotto il pubblico ufficiale ad attuare la rivelazione, non essendo sufficiente ad integrare il reato la mera rivelazione a terzi della notizia coperta da segreto»;

Cass. Pen., Sez. VI, 15.03.2013, sent. n. 19212: «Non si può riconoscere valore di segreto d'ufficio alla sola informazione dell'essere stata svolta una comune attività di verifica per un contribuente, senza alcun riferimento al suo contenuto; infatti si tratta di attività assolutamente ordinaria svolta a campione e/o per categorie di contribuenti, e che viene normalmente disposta, per ovvia tutela del contribuente, in base a criteri automatici e casuali»;

Cass. Pen., Sez. VI, 29.10.2013, sent. n. 49133: «In tema di rivelazione ed utilizzazione di segreti d'ufficio da parte degli impiegati dello Stato, per notizie di ufficio che devono rimanere segrete si intendono non solo le informazioni sottratte alla divulgazione in ogni tempo e nei confronti di chiunque, ma anche quelle la cui diffusione sia vietata dalle norme sul diritto di accesso, perché effettuata senza il rispetto delle modalità previste ovvero nei confronti di soggetti non titolari del relativo diritto»;

Cass. Pen., Sez. VI, 21.02.2013, sent. n. 9726: «In tema di violazione di segreto d'ufficio, l'utilizzazione di notizie acquisite per ragioni di ufficio non integra un comportamento innocuo ed inoffensivo, tale da far configurare un reato impossibile, poiché la fattispecie prevista dall'art. 326, comma terzo, c.p., è posta anche a tutela dell'interesse a che il pubblico ufficiale o l'incaricato di pubblico servizio non tragga dall'esercizio delle sue funzioni un indebito vantaggio rispetto agli altri cittadini»;

Cass. Pen., Sez. VI, 12.10.2009, sent. n. 39706: «La nozione di segreto d'ufficio, tutelato dall'art. 326 c.p. presuppone l'esistenza di atti tipici, che per espressa disposizione legislativa – penale o extrapenale – siano coperti dal requisito della segretezza. Pertanto, non si configura il reato ove l'incaricato di pubblico servizio divulghi notizie riservate la non segrete della P.A.»;

Cass. Pen., Sez. VI, 29.09.2009, sent. n. 1898: «Il delitto di rivelazione di segreti d'ufficio è integrato anche quando il pubblico ufficiale o l'incaricato di pubblico servizio diffondano una notizia non appresa per ragioni dell'ufficio o del servizio, bastando che tale notizia dovesse rimanere segreta e che l'interessato, per le funzioni esercitate, avesse l'obbligo di impedirne l'ulteriore diffusione»;

Cass. Pen., Sez. VI, 9.12.2008, n. 2745: «In tema di reati contro la P.A., la qualifica di incaricato di pubblico servizio va riconosciuta a colui che, di fatto, svolgendo attività diverse da quelle inerenti alle mansioni istituzionalmente affidategli, sia effettivamente investito di una pubblica funzione, purché a tale esercizio di funzioni pubbliche si accompagni, quanto meno, l'acquiescenza o la tolleranza o il consenso, anche tacito, della pubblica amministrazione».

Rifiuto di atti d'ufficio. Omissione

L'art. 328 c.p. stabilisce che il pubblico ufficiale o l'incaricato di pubblico servizio, che indebitamente rifiuta un atto del suo ufficio che, per ragioni di giustizia o di sicurezza pubblica, deve essere compiuto senza ritardo, è punito con la reclusione da 6 mesi a 2 anni (primo comma). Fuori di tali casi, se egli non compie l'atto del suo ufficio e non risponde per esporre le ragioni del ritardo nel termine di 30 giorni dalla richiesta dell'interessato, è punito con la reclusione fino ad 1 anno o con la multa fino ad € 1.032. Tale richiesta deve essere scritta ed il predetto termine decorre dalla sua ricezione (secondo comma). Alla condanna consegue altresì l'*interdizione temporanea dai pubblici uffici*. Per la punibilità è richiesto il *dolo* (volontà di rifiutare): trattandosi di '*delitto*', tale fattispecie non sarà punibile a titolo di negligenza, dimenticanza o errore.

Gli '*atti d'ufficio*' si distinguono in due categorie:

- '*qualificati*' (ipotesi di cui al primo comma): sono quelli motivati da ragioni di giustizia, sicurezza pubblica, ordine pubblico, igiene o sanità, in relazione ai quali è punito sia il rifiuto che l'omissione. Va detto, in merito, che per '*rifiuto*' s'intende il diniego di compiere un atto dovuto ed espressamente richiesto. Ai fini della loro punibilità deve evincersi un vero e proprio '*rifiuto*' da parte dell'incauto funzionario, anche tacito: non è pertanto sufficiente una mera inerzia o il semplice ritardo, anche se indebiti. Il reato *de quo* non si configura con riferimento a quegli atti sì doverosi ma rispetto ai quali non è prevista una richiesta da parte di un soggetto particolare (e ciò perché il reato implica necessariamente una richiesta rivolta ad ottenere un certo provvedimento).

Relativamente al *'rifiuto indebito'*, è tale quello che non trova giustificazione nella legge o in una disposizione della Pubblica Autorità, pur dovendo essere sempre manifestato in modo espresso o tacito;

- *'non qualificati'* (ipotesi di cui al secondo comma): sono tutti gli altri atti amministrativi, per i quali è punita solo l'omissione, ossia il mancato compimento dell'atto dovuto, ma a condizione che: a) ci sia una richiesta da parte dell'interessato; b) siano decorsi 30 giorni dal momento in cui il pubblico ufficiale o l'incaricato di pubblico servizio abbiano ricevuto la richiesta; c) il pubblico ufficiale o l'incaricato di pubblico servizio non solo non abbia compiuto l'atto, ma non abbia neppure risposto per esporre le ragioni del ritardo.

Di seguito, alcune massime giurisprudenziali sulla disposizione in esame:

Cass. Pen., Sez. VI, 07.11.2022, sent. n. 49116: «Il reato di rifiuto di atti di ufficio previsto dal primo comma dell'art. 328 cod. pen., che si realizzi in forma implicita per il protrarsi dell'inerzia omissiva, si consuma sin dal momento iniziale in cui si manifesta il ritardo non più giustificabile dell'atto dovuto ma, finché perdura l'interesse al compimento dell'atto stesso, continua la permanenza, che si interrompe solo nel momento in cui la situazione antigiuridica viene meno per fatto volontario dell'obbligato o per altra causa»;

Cass. Pen., Sez. VI, 15.03.2022, sent. n. 16483: «Il reato di rifiuto di atti di ufficio previsto dal primo comma dell'art. 328 cod. pen., pur se istantaneo, può configurarsi anche nel caso in cui l'inerzia omissiva, protraendosi oltre il termine per il compimento dell'atto, pur a fronte di formali sollecitazioni ad agire rivolte al pubblico ufficiale, si risolva in un rifiuto implicito, sì che in tal caso il momento consumativo coincide con l'adozione dell'atto dovuto, la quale determina la cessazione degli effetti negativi della inazione»;

Cass. Pen., Sez. VI, 15.06.2021, sent. n. 33565: «Ai fini della configurabilità del reato di cui all'art. 328 cod. pen. è sufficiente il dolo generico, in quanto l'avverbio "indebitamente", inserito nel testo della disposizione, qualificando l'omissione di atti di ufficio come reato ad antigiuridicità cosiddetta espressa o speciale, connota l'elemento soggettivo, non nel senso di comportare l'esigenza di un dolo specifico, ma per sottolineare la necessità della consapevolezza di agire in violazione dei doveri imposti»;

Cass. Pen., Sez. VI, 16.01.2020, sent. n. 1676: «In tema di responsabilità da reato degli enti, il sequestro preventivo finalizzato alla confisca per equivalente del profitto di uno dei reati di cui all'art. 322-ter cod. pen. può essere indifferentemente disposto, oltre che nei confronti dell'ente responsabile dell'illecito amministrativo, anche nei confronti delle persone fisiche che lo hanno commesso, con l'unico limite che il vincolo non può eccedere il valore complessivo del suddetto profitto»;

Cass. Pen., Sez. VI, 16.01.2020, sent. n. 1657: «Il rifiuto di un atto dell'ufficio, previsto dall'art. 328, comma primo, cod. pen., ha natura di reato istantaneo e può manifestarsi in forma continuata quando, a fronte di formali sollecitazioni ad agire rivolte al pubblico ufficiale rimaste senza esito, la situazione potenzialmente pericolosa continui a esplicare i propri effetti negativi e l'adozione dell'atto dovuto sia suscettibile di farla cessare»;

Cass. Pen., Sez. VI, 7.03.2018, sent. n. 10446: «In tema di rifiuto di atti d'ufficio, ipotizzato per la mancata adozione, da parte dell'autorità comunale, di un provvedimento che inibisse l'uso di un edificio scolastico risultato non conforme alla vigenti disposizioni dettate dalla normativa antisismica, correttamente deve ritenersi esclusa la sussistenza dell'elemento soggettivo del reato qualora, nella ritenuta assenza di un immediato pericolo di crollo, la predetta autorità abbia già avviato le procedure per la messa a norma dell'edificio, con stanziamento delle somme all'uopo necessarie»;

Cass. Pen., Sez. VI, 4.05.2017, sent. n. 21631: «Integra il reato di rifiuto di atti di ufficio, la condotta del medico di guardia in servizio presso una casa di cura che, richiesto di prestare il proprio intervento da personale infermieristico in relazione alla progressiva ingravescenza delle condizioni di salute di un paziente ivi ricoverato, ometta di procedere alla visita ed alla diretta valutazione della situazione, a nulla rilevando che il paziente sia comunque assistito dal suddetto personale, incaricato di monitorarne le condizioni fisiche e i parametri vitali, e che, in tal caso, la valutazione del sanitario si fondi soltanto su dati clinici e strumentali».

Rifiuto o ritardo di obbedienza commesso da un militare o da un agente della Forza pubblica

Questo delitto è disciplinato dall'art. 329 c.p., il quale all'unico comma stabilisce che il militare o l'agente della Forza pubblica che indebitamente rifiuti o ritardi di eseguire una richiesta fattagli dall'Autorità competente nelle forme stabilite dalla legge è punito con la reclusione fino a 2 anni.

In merito, la Suprema Corte ha precisato che «Tra i soggetti attivi del reato di cui all'art. 329 c.p. sono da ricomprendere, quali agenti della forza pubblica, anche gli appartenenti alla polizia municipale (Cass. Pen., Sez. VI, 13.02.2006, sent. n. 5393).

Interruzione di un servizio pubblico o di pubblica necessità

L'*interruzione di servizio pubblico o di pubblica necessità* è disciplinata dall'art. 331 c.p., ove, al primo comma, si stabilisce che l'esercente un servizio pubblico o di pubblica necessità, che ne interrompe il servizio o ne sospende il lavoro nei suoi stabilimenti, uffici o aziende, in modo da turbarne la regolarità, è punito con la reclusione da 6 mesi ad 1 anno e con multa non inferiore ad € 516. Il secondo comma prevede un inasprimento repressivo per i capi, per i promotori e per gli organizzatori di tali azioni, che saranno soggetti alla reclusione da 3 a 7 anni e ad una multa non inferiore ad € 3.098.

Di seguito, alcune pronunce in merito alla disposizione in esame:

Cass. Pen., Sez. V, 02.03.2017, sent. n. 17590: «Nel reato di interruzione di un servizio pubblico o di pubblica necessità l'interesse tutelato ha natura sopraindividuale, cosicché il singolo utente, o aspirante utente, danneggiato dall'omessa o irregolare prestazione del servizio non assume la qualità di persona offesa dal reato e, pertanto, non è legittimato a proporre opposizione alla richiesta di archiviazione né il ricorso per cassazione avverso la decisione di archiviazione»;

Cass. Pen., Sez. V, 19.12.2013, sent. n. 5271: «In tema di elemento soggettivo del reato di interruzione di pubblico servizio, va disattesa la tesi difensiva di mancanza in capo all'imputato della consapevolezza dell'idoneità della condotta a cagionare l'interruzione o la turbativa del servizio, atteso che, se si percuote con un bastone l'autista di un autobus, che per questo viene trasportato al pronto soccorso, dove gli è diagnosticata tra l'altro una contusione cranica, l'accettazione di tale rischio è *in re ipsa*»;

Cass. Pen., Sez. VI, 21.11.2012, sent. n. 46755: «Integra il reato di interruzione di un servizio pubblico o di pubblica necessità (art. 331 c.p.) l'ingiustificato inadempimento delle prestazioni proprie del servizio farmaceutico da parte del titolare di una farmacia in turno di reperibilità»;

Cass. Pen., Sez. VI, 23.07.2009, sent. n. 30749: «L'attività di smaltimento di rifiuti è da considerare un "servizio di pubblica necessità" e, pertanto, integra il reato di interruzione di un servizio di pubblica necessità l'inadempimento di tale attività che alteri il funzionamento del servizio nel suo complesso».

Cass. Pen., Sez. VI, 8.10.2007, sent. n. 37083: «Ai fini della configurabilità del reato previsto dall'art. 331 c.p. è necessario che sia interrotto o turbato nel suo complesso il servizio pubblico o di pubblica necessità, restando esclusa dalla previsione normativa la condotta limitata a singole utenze che incida solo marginalmente sul volume dell'attività svolta e che non sia in grado di comprometterne in modo apprezzabile il funzionamento». (nella fattispecie, l'interruzione di un'utenza telefonica, comprese le chiamate verso i numeri di emergenza, a seguito di controversia sorta a seguito di mancato pagamento di una fattura).

La disciplina delle cose sequestrate in un procedimento penale o dall'Autorità amministrativa

L'art. 334 disciplina la sottrazione e/o il danneggiamento di cose sottoposte a sequestro disposto nel corso di un procedimento penale o dall'Autorità amministrativa, disponendo al primo comma che chiunque sottrae, sopprime, distrugge, disperde o deteriora una cosa sottoposta a sequestro disposto nel corso di un procedimento penale o dall'Autorità amministrativa ed affidata alla sua custodia, al solo scopo di favorirne il proprietario, è punito con la reclusione da 6 mesi a 3 anni e con la multa da € 51 ad € 516.

Il secondo comma prevede la reclusione da 3 mesi a 2 anni e la multa da € 30 ad € 309 se tali fatti sono commessi dal proprietario della cosa, che ne sia nominato custode. Infine, se tali fatti sono commessi dal proprietario, ma che non ne sia nominato custode, questi sarà soggetto alla reclusione da 1 mese ad 1 anno ed alla multa fino ad € 309.

Il seguente art. 335 c.p. (rubricato *'Violazione colposa dei doveri inerenti alla custodia delle cose sottoposte a sequestro disposto nel corso di un procedimento penale o dall'Autorità amministrativa'*), poi, all'unico comma dispone che chiunque, avendo in custodia una cosa sottoposta a sequestro disposto nel corso di un procedimento penale o dall'Autorità amministrativa, per colpa, ne cagiona la distruzione o la dispersione, ovvero ne agevola la sottrazione o la soppressione, è punito con la reclusione fino a 6 mesi e con la multa fino ad ad € 309.

Di seguito, alcune massime giurisprudenziali sulla disposizione in esame:

Cass. Pen., Sez. VI, 21.10.2022, sent. n. 4343: «Integra il delitto di cui all'art. 334 cod. pen. la condotta del proprietario di uno "smartphone" sottoposto a sequestro probatorio che, accedendo da remoto al dispositivo, cancelli tutti i dati informatici in esso presenti, trattandosi di reato a forma libera suscettibile di essere commesso anche con modalità telematiche»;

Cass. Pen., Sez. VI, 30.09.2021, sent. n. 41563: «Ai fini della configurabilità del reato di sottrazione di cose sottoposte a sequestro penale, è sufficiente che la condotta abbia ad oggetto un bene sul quale il vincolo è apposto con un atto, pur invalido, ma efficace, e sino a quando gli effetti del sequestro non siano cessati direttamente in forza di legge, ovvero per una pronuncia adottata dall'Autorità giudiziaria o amministrativa» (Fattispecie nella quale la Corte ha ritenuto irrilevante ai fini della esclusione del reato la illegittimità della confisca - perché tardivamente intervenuta oltre il termine di 120 giorni dal sequestro, previsto dall'art. 204 C.d.S. - trattandosi di provvedimenti autonomi, produttivi di differenti effetti giuridici, che prescindono l'uno dalla validità dell'altro);

Cass. Pen., Sez. VI, 6.02.2019, sent. n. 5871: «Il momento consumativo del reato previsto dall'art. 334 cod. pen. può essere ritenuto, anche sulla base di elementi indiziari, coincidente con quello dell'accertamento, salvo che venga rigorosamente provata l'esistenza di situazioni idonee a confutare la valutazione presuntiva e a rendere almeno dubbia l'epoca di commissione del fatto» (nella fattispecie la Corte ha annullato con rinvio la sentenza dichiarativa dell'intervenuta prescrizione del reato osservando che, in mancanza di elementi di segno contrario, doveva presumersi che la distruzione dell'autovettura in sequestro fosse avvenuta in epoca prossima alla data in cui l'Autorità procedente si era recata sul luogo della custodia per dare attuazione al provvedimento, tanto più che la difesa non aveva dedotto alcunché per dimostrare che la distruzione fosse avvenuta in data antecedente);

Cass. Pen., Sez. VI, 21.05.2018, sent. n. 22529: «Ai fini della configurabilità del reato di sottrazione o danneggiamento di cose sottoposte a sequestro penale o amministrativo, la nozione di proprietario non coincide con quella civilistica, dovendosi intendere in senso estensivo sì da includervi anche la persona che abbia l'effettiva disponibilità del bene sottoposto al sequestro e che ne sia reale utilizzatore» (ivi la Corte ha annullato con rinvio la sentenza impugnata, avendo il giudice di merito omesso di verificare se l'imputato, nominato custode di un'autovettura a seguito di sequestro amministrativo, potesse o meno qualificarsi come proprietario del mezzo o, comunque, avesse l'effettiva disponibilità dello stesso);

Cass. Pen., Sez. VI, 23.05.2017, sent. n. 25756: «Per la punibilità del reato previsto dall'art. 334, comma secondo, cod. pen è richiesto il dolo generico, consistente nella consapevolezza del vincolo giudiziario che grava sul bene e nella volontà di compiere atti contrari ai doveri di custodia, in modo tale da impedire i controlli sul bene o l'esercizio dell'azione esecutiva»;

Cass. Pen., Sez. VI, 8.07.2015, sent. n. 29145: «Non integra il reato di cui all'art. 334 cod. pen. la sottrazione di beni sottoposti a fermo amministrativo a norma dell'art. 214 D.Lgs. 30 aprile 1992, n. 285, ostandovi il principio di tassatività e determinatezza delle fattispecie penali, che, per il divieto di analogia in "malam partem", esclude la riconducibilità del fermo amministrativo alla nozione di sequestro amministrativo»;

Cass. Pen., Sez. VI, 5.05.2014, sent. n. 18423/2014: «Il concorso apparente di norme tra le previsioni di cui all'art. 334 cod. pen. e di cui all'art. 213, comma quarto, cod.

strada, con conseguente applicazione al responsabile della sola sanzione amministrativa prevista dal codice della strada, ricorre esclusivamente se la sottrazione del veicolo sottoposto a sequestro è stata realizzata mediante la circolazione dello stesso, mentre, quando tale sottrazione è realizzata con modalità diverse dalla diretta circolazione del mezzo su di una strada, è configurabile la fattispecie prevista dall'art. 334 cod. pen.»;

Cass. Pen., Sez. VI, 2.01.2014, sent. n. 1: «Integra il reato di sottrazione di cose sottoposte a sequestro in un procedimento penale e non l'illecito amministrativo previsto dall'art. 213, comma quarto, cod. strada, la condotta dell'imputato che non consegni all'autorità procedente il veicolo sottoposto a sequestro amministrativo ed affidatogli in custodia, in quanto proprietario»;

Cass. Pen., Sez. VI, 16.10.2012, sent. n. 40592: «Integra l'ipotesi delittuosa prevista dall'art. 334 c.p. e non quella, di natura amministrativa, prevista dall'art. 213 Cod. Strada, la condotta del proprietario di veicolo sottoposto a sequestro amministrativo di cui è custode, il quale lo alieni a terzi e, dopo l'alienazione, continui a circolarvi»;

Disposizioni patrimoniali

Salva la confisca prevista dall'art. 322-*ter*, l'art. 335-*bis* c.p. dispone che, nel caso di condanna per delitti dei pubblici ufficiali contro la Pubblica Amministrazione è comunque ordinata la confisca nelle ipotesi previste dall'art. 240, primo comma: ossia delle cose (anche se trattasi di *strumenti informatici*) che servirono o furono destinate a commettere il reato, che ne sono il prodotto, il profitto o il prezzo.

La Suprema Corte (Sez. VI, 25.02.2021, sent. n. 10096) ha recentemente osservato a tal proposito che «la richiesta, di cui all'art. 322-ter cod. pen., di sequestro preventivo finalizzato alla confisca diretta o per equivalente del prezzo o del profitto del reato, ricomprende anche l'ipotesi di confisca diretta del profitto ex art. 335-bis cod. pen., potendo conseguentemente il giudice, investito di una richiesta di confisca ai sensi dell'art. 322-ter cod. pen. con riguardo ad un reato non rientrante nell'elenco previsto da detta norma, emettere comunque un provvedimento di sequestro finalizzato alla confisca diretta ex art. 335-bis cod. pen.».

Altra interessante pronuncia – sempre della Sez. VI - è la n. 41890 del 26.09.2018, ove si chiarisce che in tema di abuso d'ufficio «la confisca prevista dall'art. 335-bis cod. pen., in quanto obbligatoria, opera anche nei confronti degli aventi diritto estranei al reato, che non possono trovare vantaggio dall'ingiusto profitto conseguente ad una condotta illecita, sempre che sussista un nesso strutturale tra il bene da confiscare ed il reato».

3 DELITTI DEI PRIVATI CONTRO LA PUBBLICA AMMINISTRAZIONE

Generalità

In tale categoria di delitti, l'offesa agli interessi della P.A. non proviene dal suo interno, ma dall'esterno (ad opera dei privati). La relativa tutela penale ha ad oggetto lo svolgimento ordinato, decoroso ed efficace dell'attività dei pubblici dipendenti.

L'art. 343-*bis* dispone a tal proposito che le disposizioni sulla violenza, sulla minaccia, sulla resistenza ad un pubblico ufficiale, sulla violenza o minaccia ad un Corpo politico, amministrativo o giudiziario o ai suoi singoli componenti (comprese le aggravanti), sull'interruzione di un ufficio o servizio pubblico o di pubblica necessità, sull'oltraggio a un Corpo politico, amministrativo o giudiziario e sull'oltraggio a magistrato in udienza si applicano anche quando il reato è commesso nei confronti: a) della Corte Penale Internazionale nonché dei suoi magistrati e dei suoi funzionari; b) delle persone comandate dagli Stati parte del Trattato istitutivo della Corte Penale Internazionale, che esercitino funzioni corrispondenti a quelle dei funzionari o agenti della Corte stessa; c) dei membri e degli addetti a Enti costituiti sulla base del Trattato istitutivo della Corte Penale Internazionale.

Violenza o minaccia ad un pubblico ufficiale

La *violenza o minaccia ad un pubblico ufficiale* è disciplinata dall'art. 336 c.p., il cui primo comma stabilisce la pena della reclusione da 6 mesi a 5 anni per chiunque usi violenza o minaccia ad un pubblico ufficiale o ad un incaricato di pubblico servizio, per costringerlo a fare un atto contrario ai propri doveri o ad omettere un atto d'ufficio o del servizio. Il secondo comma prevede la reclusione fino a 3 anni qualora il fatto sia commesso per costringere tale soggetto passivo a compiere un atto del proprio ufficio o servizio, o per influire comunque su di esso.

Come evidente, trattasi di 'reato plurioffensivo', tutelando la norma sia l'interesse pubblico al normale funzionamento della P.A., sia il pubblico funzionario da ingiuste aggressioni. Va chiarito che la violenza e/o la minaccia devono avere ad oggetto un'azione futura della vittima designata, che pertanto deve necessariamente trovarsi nell'esercizio delle sue funzioni al momento della commissione del fatto. Secondo Cass. n. 32703/2014, poi, ove la violenza ecceda il fatto di percosse e volontariamente provochi lesioni personali, si determina un concorso tra la violenza e la minaccia a pubblico ufficiale ed il delitto di lesioni, sussistendo per quest'ultimo l'aggravante della 'connessione teleologica'.

Il reato in questione si consuma con l'*uso* della violenza o minaccia, ma, se da un lato non è richiesto che l'agente raggiunga lo scopo che si è prefissato, da un altro lato si ritiene necessaria la 'percezione' della minaccia da parte del pubblico ufficiale. Quanto all'elemento psicologico, si richiede il '*dolo specifico*'.

Di seguito, alcune pronunce sulla disposizione in esame:

Cass. Pen., Sez. VI, 16.12.2021, sent. n. 2104: «Ai fini dell'integrazione del delitto di minaccia o di resistenza a pubblico ufficiale non è necessaria una minaccia diretta o personale, essendo invece sufficiente l'uso di qualsiasi coazione, anche morale, ovvero una minaccia anche indiretta, purché sussista la idoneità a coartare la libertà di azione del pubblico ufficiale» (nella fattispecie la condotta di un gruppo che, mediante i c.d. "presidi di solidarietà", al fine di impedire l'esecuzione delle procedure di sfratto avviate nei confronti dei conduttori morosi in condizioni economiche asseritamente disagiate, poneva in essere una serie di condotte quali la realizzazione di barriere per ostacolare l'accesso agli alloggi, spesso accompagnata da strattonamenti e minacce verbali, che determinavano la sospensione ed il rinvio delle procedure esecutive);

Cass. Pen., Sez. II, 26.10.2021, n. 1702: «Nel delitto di cui all'art. 336 cod. pen. l'atto contrario contrario ai doveri di ufficio non fa parte dell'elemento oggettivo del reato, ma di quello soggettivo e più precisamente del dolo specifico che attiene alla finalità che l'agente si propone con il suo comportamento, sicché, se questo agisce con minaccia e con l'intenzione di attaccare il pubblico ufficiale per costringerlo a fare un atto contrario ai propri doveri od omettere un atto dell'ufficio, il delitto è consumato, sia che l'attività commissiva o l'omissione cui è finalizzata l'azione dell'agente siano state già realizzate, sia che ancora debbano esserlo» (nella fattispecie, la minaccia nei confronti di un ausiliario del traffico per costringerlo ad annullare un preavviso di contravvenzione per violazione al codice della strada);

Cass. Pen., Sez. VI, 2.10.2021, sent. n. 51961: «In tema di rapporti tra le fattispecie previste dagli artt. 336 e 337 cod. pen., quando la violenza o la minaccia dell'agente nei confronti del pubblico ufficiale è posta in essere durante il compimento dell'atto d'ufficio, per impedirlo, si ha resistenza ai sensi dell'art. 337 cod. pen., mentre si versa nell'ipotesi di cui all'art. 336 cod. pen. se la violenza o la minaccia è portata contro il pubblico ufficiale per costringerlo a omettere un atto del suo ufficio anteriormente all'inizio dell'esecuzione»;

Cass. Pen., Sez. VI, 22.06.2021, sent. n. 32903: «In tema di misure di prevenzione, può ritenersi socialmente pericoloso per la sicurezza e la tranquillità pubblica, ai sensi dell'art. 1, comma 1, lett. c), d.lgs. 6 settembre 2011, n. 159, il soggetto che risulti dedito, in maniera non occasionale, alla commissione di fatti criminosi la cui offensività sia proiettata verso beni giuridici non meramente individuali, ma connessi alla preservazione dell'ordine e della sicurezza della collettività, quali condizioni materiali necessarie alla convivenza sociale». (nella fattispecie, la Corte ha ritenuto indicativi di pericolosità fatti di reato di cui agli artt. 336 e 337 cod. pen.);

Cass. Pen., Sez. VI, 27.03.2017, sent. n. 14883: «Ai fini della configurabilità del reato di minaccia a pubblico ufficiale di cui all'art. 336 cod. pen., le azioni intimidatorie devono essere atte ad ostacolare l'esercizio del complesso di competenze e funzioni del pubblico ufficiale, non assumendo rilevanza lo specifico servizio da questi in concreto svolto» (nella fattispecie, espressioni e condotte minatorie di un automobilista nei confronti di un vigile urbano, impegnato nel servizio scolastico di presidio alle strisce pedonali, che gli aveva intimato verbalmente di spostare l'autovettura contromano e in divieto di sosta);

Cass. Pen., Sez. VI, 3.06.2015, sent. n. 23684: «Quando il comportamento aggressivo nei confronti del pubblico ufficiale non sia diretto a costringere il soggetto a fare un atto contrario ai propri doveri o ad omettere un atto dell'ufficio, ma sia solo espressione di volgarità ingiuriosa e di atteggiamento genericamente minaccioso, senza alcuna finalizzazione ad incidere sull'attività dell'ufficio o del servizio, la condotta non integra il delitto di cui all'art. 337 c.p., ma i reati di ingiuria e di minaccia, aggravati dalla qualità delle persone offese, per la cui procedibilità è necessaria la querela;

Cass. Pen., Sez. VI, 15.05.2015, sent. n. 20320: «Non integra il delitto di cui all'art. 336 c.p. la reazione genericamente minatoria del privato, mera espressione di sentimenti ostili non accompagnati dalla specifica prospettazione di un danno ingiusto, che sia sufficientemente concreta da risultare idonea a turbare il pubblico ufficiale nell'assolvimento dei suoi compiti istituzionali»: (infatti, non si è ritenuto integrare l'elemento materiale del reato l'utilizzo dell'espressione *"se mi fai la contravvenzione giuro che te la faccio pagare, chiamo il mio avvocato e ti querelo"*);

Cass. Pen., Sez. VI, 23.02.2015, sent. n. 7992: «In tema di rapporti tra le fattispecie previste dagli artt. 336 e 337 cod. pen., quando la violenza o la minaccia dell'agente nei confronti del pubblico ufficiale è posta in essere durante il compimento dell'atto d'ufficio, per impedirlo, si ha resistenza ai sensi dell'art. 337 cod. pen., mentre si versa nell'ipotesi di cui all'art. 336 cod. pen. se la violenza o la minaccia è portata contro il pubblico ufficiale per costringerlo ad omettere un atto del suo ufficio anteriormente all'inizio di esecuzione»

Cass. Pen., Sez. VI, 23.07.2014, sent. n. 32705: «Ai fini della consumazione del reato di cui all'art. 336 c.p., l'idoneità della minaccia posta in essere per costringere il pubblico ufficiale a compiere un atto contrario ai propri doveri deve essere valutata con un giudizio "ex ante", tenendo conto delle circostanze oggettive e soggettive del fatto, con la conseguenza che l'impossibilità di realizzare il male minacciato, a meno che non tolga al fatto qualsiasi parvenza di serietà, non esclude il reato, dovendo riferirsi alla potenzialità costrittiva del male ingiusto prospettato» (nella fattispecie la Corte ha ritenuto penalmente rilevanti frasi intimidatorie pronunciate in stato di ebbrezza e riferite alla prospettazione di un male futuro benchè temporalmente collegato ad un momento in cui l'effetto dell'alcool sarebbe svanito);

Cass. Pen., Sez. VI, 12.07.2013, n. 30175: «L'assessore di un ente territoriale riveste la qualifica di pubblico ufficiale relativamente all'esercizio di attività amministrative alle quali partecipa concorrendo alla formazione della volontà dell'ente» (ed infatti la Corte ha confermato la condanna per il reato di cui all'art. 336 c.p. nei confronti dell'imputato che aveva minacciato l'assessore di un comune al fine di ottenere il rilascio di permesso a costruire e l'approvazione di convenzione edilizia a lui vantaggiosa);

Resistenza a pubblico ufficiale

Il delitto di *resistenza a pubblico ufficiale* è disciplinato dall'art. 337 c.p., ove si stabilisce che chiunque usi violenza o minaccia ad un pubblico ufficiale o ad un incaricato di pubblico servizio, mentre compie un atto d'ufficio o di servizio o a coloro che, richiesti, gli prestino assistenza, è punito con la reclusione da 6 mesi a 5 anni.

Come intuibile, oggetto della tutela è la libertà di azione del pubblico funzionario, essenziale per l'ordinato svolgimento della vita sociale. In questo caso, la violenza o la minaccia si compiono '*mentre*' tale soggetto passivo compie l'atto del suo ufficio, a differenza di quanto avviene nella fattispecie di '*violenza o minaccia ad un pubblico ufficiale*' (disciplinata dall'art. 336), che si riferisce invece ad una sua attività futura. Quindi, nel caso della resistenza la consumazione avviene con l'*uso* della violenza o della minaccia, indipendentemente dai suoi effetti. Relativamente all'elemento psicologico, è richiesto il *'dolo specifico'* (coscienza e volontà di opporsi all'operato del pubblico funzionario). Va precisato che:

- Secondo Cass. n. 1420/2013 il delitto *de quo* può assorbire soltanto quel minimo di violenza estrinsecantesi nella *'resistenza'* opposta al pubblico ufficiale che sta compiendo un atto del proprio ufficio, e non anche gli ulteriori atti violenti che, esorbitando da tale limite, cagionino al medesimo delle lesioni personali: in tal caso, infatti, tali lesioni personali sono aggravate dall'essere state commesse in danno di un pubblico ufficiale, concorrendo col delitto in esame;

- Secondo Cass. n. 1737/2013 può assumere rilievo anche una mera condotta ingiuriosa, quando essa, lungi dal rappresentare l'espressione di uno sfogo di sentimenti ostili e di disprezzo verso il pubblico ufficiale, riveli la volontà di opporsi allo svolgimento dell'atto d'ufficio e risulti chiaro il nesso di causalità psicologica tra l'offesa arrecata e le funzioni esercitate;

Secondo Cass. 12446/2007 non integra né la violenza né la minaccia una resistenza meramente *passiva* (es. buttarsi a terra, rifiutarsi di obbedire, aggrapparsi ad appigli per non essere trascinati, etc...). Quanto invece alla *fuga*, pur se essa - in quanto tale - non rappresenta condotta idonea ad integrare il reato, può eccezionalmente assumere rilievo, ove ad essa si accompagnino manovre intimidatorie contro il pubblico ufficiale volte ad impedirne l'attività.

Di seguito, ulteriori interessanti pronunce circa la disposizione in esame:

Cass. Pen., Sez. VI, 23.02.2023, sent. n. 13465: «In tema di resistenza a pubblico ufficiale, l'inciso "mentre compie l'atto del suo ufficio" presuppone una contemporaneità tra la resistenza e l'atto che non si esaurisce nell'istante in cui quest'ultimo si perfeziona, ma ricomprende necessariamente anche le fasi immediatamente precedenti e successive, purché direttamente funzionali alla completezza dello stesso»;

Cass. Pen., Sez. VI, 12.05.2022, sent. n. 24247: «In tema di resistenza a pubblico ufficiale, è irrilevante, ai fini dell'integrazione dell'elemento soggettivo del reato, l'inconsapevolezza dello specifico atto d'ufficio che il pubblico agente debba eseguire, quando sia comunque percepibile che si tratta di attività "lato sensu" di controllo della persona, anche ai soli fini di identificazione o di semplice pedinamento»;

Cass. Pen., Sez. I, 31.05.2022, sent. n. 29614: «Integra il reato di resistenza a pubblico ufficiale lo strattonare o il divincolarsi posti in essere da un soggetto onde impedire il proprio arresto, ogni qualvolta quest'ultimo non si limiti a una mera opposizione passiva al compimento dell'atto del pubblico ufficiale, ma impieghi la forza per neutralizzarne l'azione e sottrarsi alla presa, nel tentativo di guadagnare la fuga»;

Cass. Pen., Sez. VI, 17.12.2021, sent. n. 2608: «L'aggravante di cui all'art. 576, comma primo, n. 5-bis, cod. pen., consistente nell'aver commesso il fatto nei confronti di un ufficiale o agente di polizia giudiziaria o di pubblica sicurezza, nell'atto o a causa dell'adempimento delle funzioni o del servizio, è configurabile in relazione al delitto di lesioni personali volontarie anche quando lo stesso concorre con quello di resistenza a pubblico ufficiale» (la Corte ha precisato che l'aggravante in esame introduce un elemento specializzante, riferito alle condotte poste in essere contro una particolare categoria di pubblici ufficiali, il cui disvalore non è assorbito da quello della fattispecie incriminatrice di cui all'art. 337 cod. pen.: cfr. ivi, in motivazione);

Cass. Pen., Sez. VI, 22.06.2021, sent. n. 32903: «In tema di misure di prevenzione, può ritenersi socialmente pericoloso per la sicurezza e la tranquillità pubblica, ai sensi dell'art. 1, comma 1, lett. c), d.lgs. 6 settembre 2011, n. 159, il soggetto che risulti dedito, in maniera non occasionale, alla commissione di fatti criminosi la cui offensività sia proiettata verso beni giuridici non meramente individuali, ma connessi alla preservazione dell'ordine e della sicurezza della collettività, quali condizioni materiali necessarie alla convivenza sociale». (nella fattispecie la Corte ha ritenuto indicativi di pericolosità fatti di reato di cui agli artt. 336 e 337 cod. pen.);

Cass. Pen., Sez. VI, 20.05.2021, sent. n. 25314: «L'art. 393-*bis* cod. pen. prevede una causa di giustificazione fondata sul diritto soggettivo, costituzionalmente garantito, del privato di reagire all'atto arbitrario del pubblico agente, sicché è configurabile anche nella forma putativa di cui all'art. 59, comma quarto, cod. pen., quando il soggetto versi nel ragionevole convincimento di essersi trovato, a causa di un errore sul fatto, di fronte ad una situazione che, se effettiva, avrebbe costituito atto ingiustamente persecutorio del pubblico ufficiale, non potendo rilevare, invece, l'errore di diritto»;

Cass. Pen., Sez. VI, 5.03.2020, sent. n. 13160: «Integra il concorso morale nel delitto di cui all'art. 337 cod. pen. la condotta di chi, assistendo ad una resistenza attiva posta in essere con violenza da altra persona nei confronti di pubblici ufficiali, rafforzi l'altrui azione offensiva, o ne aggravi gli effetti, pronunciando espressioni intimidatorie all'indirizzo di taluno dei soggetti passivi»;

Cass. Pen., Sez. VI, 5.03.2020, sent. n. 9932: «Non integra il reato di cui all'art. 615-*bis* cod. pen. la ripresa fotografica da parte del pubblico ufficiale di comportamenti che si svolgono in luoghi di privata dimora i quali siano liberamente osservabili dall'esterno senza ricorrere a particolari accorgimenti, in quanto la tutela della riservatezza del domicilio è limitata a ciò che ivi si compie in modo da renderlo tendenzialmente non visibile ad estranei» (Fattispecie relativa al reato di resistenza a pubblico ufficiale, rispetto al quale è stata esclusa, ai sensi dell'art. 393-*bis* cod. pen., l'arbitrarietà della ripresa fotografica effettuata da vigili urbani, attraverso il cancello semiaperto della proprietà del ricorrente, al fine di verificare se si stessero realizzando degli abusi edilizi);

Cass. Pen., Sez. VI, 8.01.2020, sent. n. 5459: «In tema di resistenza a pubblico ufficiale, non è necessario, ai fini dell'integrazione del delitto, che sia concretamente impedita la libertà di azione del pubblico ufficiale, essendo sufficiente che si usi violenza o minaccia per opporsi al compimento di un atto dell'ufficio o del servizio, indipendentemente dall'esito, positivo o negativo, di tale azione e dall'effettivo verificarsi di un ostacolo al compimento degli atti indicati» (nella fattispecie l'imputato aveva tentato di fuggire durante un controllo dei Carabinieri, rivolgendo inoltre ai Militari minacce di morte per indurli a lasciarlo andare e cercando di forzare con la propria auto il posto di blocco);

Cass. Pen., Sez. I, 9.10.2019, sent. n. 41408: «In tema di resistenza a pubblico ufficiale, integra l'elemento materiale della violenza la condotta del soggetto che, per sfuggire all'intervento delle forze dell'ordine, si dia alla fuga, alla guida di un'autovettura, ponendo deliberatamente in pericolo, con una condotta di guida pericolosa, l'incolumità personale degli altri utenti della strada»;

Cass. Pen., SS. UU., 24.09.2018, n. 40981: «In tema di resistenza a pubblico ufficiale, integra un concorso formale di reati, a norma dell'art. 81, comma primo, cod. pen., la condotta di chi, nel medesimo contesto fattuale, usa violenza o minaccia per opporsi a più pubblici ufficiali o incaricati di un pubblico servizio mentre compiono un atto del loro ufficio o servizio»;

Cass. Pen., Sez. VI, 20.11.2017, sent. n. 52725: «In tema di resistenza a pubblico ufficiale, integra un unico reato e non il concorso formale omogeneo di reati, la violenza o la minaccia nei confronti di più pubblici ufficiali od incaricati di pubblico servizio, posta in essere nel medesimo contesto fattuale per impedire il compimento di uno stesso atto di ufficio o di servizio, atteso che il bene giuridico tutelato dalla norma incriminatrice è il regolare svolgimento dell'attività della P.A. e non l'integrità fisica del pubblico ufficiale o dell'incaricato di pubblico servizio»;

Cass. Pen., Sez. VI, 7.09.2017, sent. n. 40952: «È configurabile l'esimente della reazione ad atti arbitrari del pubblico ufficiale qualora il privato opponga resistenza ad un pubblico ufficiale che pretende di eseguire presso il suo domicilio una perquisizione finalizzata, ai sensi dell'art. 4 legge 22 marzo 1975, n.152, alla ricerca di armi e munizioni fondata su meri sospetti e non su dati oggettivi certi, anche solo a livello indiziario, circa la presenza delle suddette cose nel luogo in cui viene eseguito l'atto» (nella fattispecie la

Corte ha ritenuto immune da vizi la mancata convalida dell'arresto per il reato previsto dall'art. 337 cod. pen. all'imputato per essersi opposto alla perquisizione disposta dopo la contestazione di una contravvenzione al codice stradale, senza che fossero emersi indizi significativi circa il possesso di armi o di oggetti atti ad offendere);

Cass. Pen., Sez. VI, 22.08.2017, sent. n. 39341: «In tema di resistenza a pubblico ufficiale, integra un unico reato e non il concorso formale omogeneo di reati, la minaccia nei confronti di più pubblici ufficiali od incaricati di pubblico servizio, posta in essere nel medesimo contesto fattuale per impedire il compimento di uno stesso atto di ufficio o di servizio» (nel caso concreto l'imputato pronunciava espressioni minacciose nei confronti di due poliziotti per allontanarli dal proprio bar e impedire loro di concludere un controllo amministrativo);

Cass. Pen., Sez. VI, 18.07.2017, sent. n. 35227: «La resistenza o la minaccia adoperate nel medesimo contesto fattuale per opporsi a più pubblici ufficiali non configura un unico reato di resistenza ai sensi dell'art. 337 cod. pen., ma un concorso formale omogeneo di reati e dunque tanti distinti reati quanti sono i pubblici ufficiali operanti, giacché la resistenza, pur ledendo unitariamente il pubblico interesse alla tutela del normale funzionamento della pubblica funzione, si risolve in distinte offese al libero espletamento dell'attività funzionale di ciascun pubblico ufficiale».

Occultamento, custodia o alterazione di mezzi di trasporto

Tale delitto, introdotto nel 2001 per fronteggiare il violento fenomeno del contrabbando, è disciplinato dall'art. 337-*bis* c.p., ove si stabilisce che chiunque *'occulti o custodisca'* mezzi di trasporto di qualsiasi tipo che, rispetto alle caratteristiche omologate, presentano alterazioni o modifiche o predisposizioni tecniche tali da costituire pericolo per l'incolumità fisica degli operatori di polizia, è punito con la reclusione da 2 a 5 anni e con la multa da € 2.582 ad € 10.329 (primo comma). La stessa pena si applica a chiunque 'alteri' mezzi di trasporto con modifiche o predisposizioni tecniche tali da costituire pericolo per l'incolumità fisica degli operatori di polizia (secondo comma). Il terzo comma prevede poi una pena accessoria, affermando che se il colpevole è titolare di concessione, autorizzazione, licenza o altro titolo abilitante l'attività, alla condanna ne consegue la revoca.

La norma ha il duplice scopo di tutelare la libertà di azione dei pubblici funzionari (scopo, pertanto, analogo a quello del delitto di *resistenza a pubblico ufficiale*) e di garantire una *tutela anticipata* all'incolumità fisica degli operatori di polizia. Due sono i tipi di condotta puniti: innanzitutto l'occultamento e/o la custodia di mezzi di trasporto e, in secondo luogo l'alterazione degli stessi rispetto alle caratteristiche originarie, come omologate dalla Casa produttrice, operata mediante modifiche di qualsiasi genere (rostri, carenature, incrementi di potenza, predisposizioni per l'installazione di armi automatiche).

Violenza o minaccia a un Corpo politico, amministrativo o giudiziario o ai suoi singoli componenti

Tale delitto è disciplinato dall'art. 338 c.p., ove si stabilisce che chiunque usi violenza o minaccia a un Corpo politico, amministrativo o giudiziario, ai suoi singoli componenti, ad una sua rappresentanza o ad una qualsiasi pubblica Autorità costituita in collegio o ai suoi singoli componenti, per impedirne, anche in parte e temporaneamente, o per turbarne comunque l'attività, è punito con la reclusione da 1 a 7 anni (primo comma). La stessa pena si applica a chi commette il fatto per ottenere, ostacolare o impedire il rilascio o l'adozione di un qualsiasi provvedimento, anche legislativo, ovvero a causa dell'avvenuto rilascio o adozione dello stesso (secondo comma). Alla stessa pena soggiace chi commette il fatto per influire sulle delibere collegiali di imprese che esercitano servizi pubblici o di pubblica necessità, qualora tali delibere abbiano per oggetto l'organizzazione o l'esecuzione dei servizi (terzo comma).

Va aggiunto che l'art. 339-*bis* c.p. prevede a tal proposito anche una circostanza aggravante, stabilendo un'aumento di pena da 1/3 alla metà nel caso in cui i reati di lesioni personali, minaccia, violenza privata o danneggiamento, in base a condotte ritorsive, siano commessi ai danni di un componente di un Corpo politico, amministrativo o giudiziario a causa del compimento di un atto nell'adempimento del mandato, delle funzioni o del servizio. Ciò, tuttavia «salvo che il fatto costituisca più grave reato».

Di seguito, si segnalano alcune interessanti pronunce relative alla disposizione in argomento:

Cass. Pen., Sez. VI, 4.02.2020, sent. n. 16487: «Integra il delitto di cui all'art. 338 cod. pen. la minaccia rivolta al tribunale in composizione collegiale dopo la lettura della sentenza, in quanto l'organo giudicante, inteso quale corpo giudiziario, deve ritenersi ancora formalmente costituito ed insediato durante la sua permanenza all'interno dell'aula di giustizia o della camera di consiglio, anche in assenza di specifiche incombenze di competenza per il compimento di atti o l'adozione di decisioni» (in motivazione, la Corte ha precisato che tali tipi di minacce, dopo la pronuncia della sentenza, sono punibili anche se realizzate prima della legge 105/2017 - che ha esteso l'ambito di applicazione dell'art. 338 c.p. al fatto commesso a causa dell'avvenuto rilascio o adozione dell'atto – giacchè rientra nella nozione di turbativa prevista dalla norma l'alterazione del normale svolgimento delle funzioni giudiziarie ed il condizionamento della funzione pubblica esercitata);

Cass. Pen., Sez. VI, 31.01.2006, sent. n. 3828: «Integra il delitto di cui all'art. 338 c.p. (violenza o minaccia ad un Corpo politico, amministrativo o giudiziario) la minaccia, pure contenuta in un'espressione allusiva, che sia in concreto idonea ad incutere il timore di subire un danno ingiusto, non rilevando se il destinatario resista alla minaccia. L'idoneità del comportamento intimidatorio deve essere valutata con riguardo alle circostanze di fatto e quindi innanzitutto in relazione al contesto socio-ambientale, sicché anche semplici raccomandazioni o sollecitazioni possono assumere un significato fortemente minaccioso, se inserite in una situazione caratterizzata da rilevanti fenomeni di condizionamento violento o intimidatorio della libertà degli organismi pubblici e delle volontà delle persone» (nella fattispecie la Corte ha ritenuto la sussistenza del reato, peraltro aggravato *ex* art. 7 D.L. 152/1991, sia dall'uso del metodo mafioso che dal fine di agevolare l'attività dell'associazione mafiosa 'Cosa nostra' nella condotta degli imputati che avevano avvicinato alcuni giudici popolari del collegio di Corte d'Assise, impegnato in un dibattimento, con il pretesto della preoccupazione umanitaria per le precarie condizioni di salute dell'imputato, in cui favore avevano sollecitato la concessione di un permesso per cure, determinando l'astensione di detti giudici popolari dalla partecipazione al collegio giudicante);

Cass. Pen., Sez. V, 4.04.2005, sent. n. 12450: «In tema di immunità parlamentare, sussiste il nesso funzionale tra esternazioni e attività parlamentare — che giustifica la delibera di insindacabilità della Camera dei deputati e correlativamente esclude la proposizione del conflitto di attribuzione da parte del giudice di merito qualora dette esternazioni, ancorché pronunciate nel corso di una trasmissione televisiva, si inscrivano in un contesto comprensivo di precedenti e numerosi interventi svolti dentro e fuori le aule parlamentari e siano caratterizzate, non già da una semplice comunanza con argomenti genericamente trattati in sede parlamentare e semplicemente riconducibili al medesimo contesto politico ma, al contrario, da una sostanziale corrispondenza con gli interventi espletati nell'esercizio concreto della funzione parlamentare» (pertanto si è ritenuta immune da censure la decisione del giudice di merito, il quale aveva ritenuto l'esistenza del nesso funzionale tra fatto incriminato — consistente nell'aver descritto la parte offesa, un avvocato, come un faccendiere in grado di ottenere dagli Inquirenti favori per i propri assistiti — e la funzione parlamentare, in ragione di una serie di interventi precedenti con i quali il detto parlamentare aveva denunciato, con riferimento alla città ove operavano quegli stessi Inquirenti, l'esistenza di una situazione atipica caratterizzata da disparità di trattamento e da un uso politico della giustizia).

Circostanze aggravanti

Al verificarsi di determinate circostanze, l'art. 339 c.p. prevede degli aumenti di pena nell'ambito della commissione – con particolari modalità - di alcuni dei delitti fin qui esaminati, ponendo tre principi:

- le pene stabilite per la violenza, per la resistenza a pubblico ufficiale, per l'occultamento, per la custodia o alterazione di mezzi di trasporto e per la violenza o minaccia ad un Corpo politico, amministrativo o giudiziario o ai suoi singoli componenti sono aumentate se la violenza o minaccia è commessa nel corso di manifestazioni in luogo pubblico o aperto al pubblico oppure con armi, o da persona travisata, o da più persone riunite, o con scritto anonimo, o in modo simbolico (cioè con espressioni non letterali ma figurative, purché finalizzate all'intimidazione), o valendosi della forza intimidatrice derivante da associazioni segrete esistenti o supposte (primo comma);

- se la violenza o minaccia è commessa da più di 5 persone riunite, mediante uso di armi anche soltanto da parte di una di esse, oppure da più di 10 persone, pur senza uso di armi, la pena è della reclusione da 3 a 15 anni, tranne nel caso in cui il fatto sia commesso per costringere i soggetti passivi a compiere un atto del proprio ufficio o servizio o per influire comunque su di essi, in questo caso la pena sarà della reclusione da 2 ad 8 anni (ossia, nel «caso preveduto dal capoverso dell'art. 336»): secondo comma;

- salvo che il fatto costituisca più grave reato, le disposizioni di cui al secondo comma (appena dette, al punto precedente) si applicano anche nel caso in cui la violenza o la minaccia siano commesse mediante il lancio o l'utilizzo di corpi contundenti o altri oggetti atti ad offendere, compresi gli artifici pirotecnici, in modo da creare pericolo alle persone (terzo comma).

Va precisato che l'uso di armi deve essere strumentale rispetto all'azione del colpevole, occorrendo cioè che esse siano adoperate o comunque tenute palesemente addosso in modo da aumentare l'effetto intimidatorio della violenza o minaccia.

Di seguito, giurisprudenza relativa alla disposizione in esame:

Cass. Pen., Sez. V, 6.04.2023, sent. n. 19374: «Il delitto di minaccia è aggravato dall'uso di modalità simbolica quando si estrinsechi attraverso immagini, segni, oggetti o azioni che abbiano insiti in sé non solo la capacità di evocare ciò che si è inteso minacciare, ma anche un "surplus" intimidatorio derivante proprio dalla modalità simbolica utilizzata. [...] Nel delitto di minaccia, per la configurabilità dell'aggravante delle "più persone riunite" è sufficiente che il soggetto passivo percepisca la simultanea presenza, sia pure ideale, di più persone»;

Cass. Pen., Sez. VI, 1.04.2021, sent. n. 25303: «In tema di resistenza a pubblico ufficiale, ricorre la circostanza aggravante della violenza o minaccia commessa da più persone riunite nel caso in cui un numero elevato di abitanti del quartiere intervenga, su sollecitazione del reo, per impedire, con modalità aggressive e violente, l'espletamento dell'attività di servizio da parte dei pubblici ufficiali»;

Cass. Pen., Sez. V, 7.02.2020, sent. n. 17942/2020: «In tema di minaccia, ricorre la circostanza aggravante del fatto commesso con armi quando il soggetto agente utilizzi una roncola, trattandosi di arma impropria, ai sensi dell'art. 4, comma secondo, della legge 18 aprile 1975, n. 110, per il quale rientra in questa categoria qualsiasi strumento, che, nelle circostanze di tempo e di luogo in cui sia portato, sia potenzialmente utilizzabile per l'offesa della persona»: (Conf. Sez. V, n. 6763 del 1982, Rv. 154534-01);

Cass. Pen., Sez. V, 17.01.2013, sent. n. 10179: «Sussiste l'aggravante dell'uso dell'arma nel delitto di minaccia, ancorché la minaccia sia proferita con l'uso di un'arma giocattolo, in quanto, in unione con le ulteriori modalità con cui è attuata la minaccia (nella specie consistita nella affermazione 'ti sparo') determina un maggior effetto intimidatorio sull'animo del minacciato»;

Cass. Pen., Sez. VI, 19.01.2009, n. 1872: «In tema di resistenza a pubblico ufficiale, perché ricorra la circostanza aggravante della minaccia o violenza commessa da più persone riunite, di cui all'art. 339 c.p., è sufficiente che il reato sia commesso da due persone».

Millantato credito

Prima dell'intervento abrogativo ad opera della L. 3/2019, il delitto di *millantato credito* era disciplinato dall'art. 346 c.p., che prevedeva la reclusione da 1 a 5 anni e la multa da € 309 ad € 2.065 nei confronti di chiunque, millantando un credito presso un pubblico ufficiale o presso un pubblico impiegato che prestasse un pubblico servizio, riceveva o faceva dare o promettere a sé o ad altri denaro od altra utilità, quale prezzo della propria mediazione verso quello stesso pubblico funzionario (primo comma). Nel caso in cui il colpevole riceveva o faceva dare o promettere a sé o ad altri denaro od altra utilità col pretesto di dover comprare il favore del pubblico ufficiale o impiegato o di doverlo remunerare, era prevista la pena della reclusione da 2 a 6 anni, oltre alla multa da € 516 ad € 3.098.

Traffico di influenze illecite

Il delitto di *traffico di influenze illecite* è disciplinato dall'art. 346-*bis* c.p., recentemente interessato dalle modifiche apportate dalla L. 3/2019 e dalla cd. 'Riforma Nordio' del 2023-2024. Tale disposizione punisce anche il destinatario della millanteria, idealmente rimandando ad una '*figura speciale di millantato credito*'.

Tale disposizione stabilisce, al primo comma, che, fuori dei casi di concorso nei reati di corruzione per l'esercizio della funzione, di corruzione per un atto contrario ai doveri d'ufficio, di corruzione in atti giudiziari e nei reati di corruzione di cui all'art. 322-*bis* (membri di Organizzazioni ed Enti sovranazionali: cfr. *supra*), chiunque, utilizzando intenzionalmente allo scopo relazioni esistenti con un pubblico ufficiale o un incaricato di un pubblico servizio o uno degli altri soggetti di cui all'art. 322-*bis*, indebitamente fa dare o promettere, a sé o ad altri, denaro o altra utilità economica, per remunerare un pubblico ufficiale o un incaricato di un pubblico servizio o uno degli altri soggetti di cui all'articolo 322-*bis*, in relazione all'esercizio delle sue funzioni, ovvero per realizzare un'altra mediazione illecita, è punito con la reclusione da 1 anno e sei mesi a 4 anni e sei mesi. In virtù del secondo comma, ai fini di cui al primo comma, per '*altra mediazione illecita*' si intende la mediazione per indurre il pubblico ufficiale o l'incaricato di un pubblico servizio o uno degli altri soggetti di cui all'articolo 322-*bis* a compiere un atto contrario ai doveri d'ufficio, costituente reato, dal quale possa derivare un vantaggio indebito. In virtù del terzo comma è punito anche il destinatario della millanteria (la disposizione infatti recita: «La stessa pena si applica a chi indebitamente dà o promette denaro o altra utilità economica»).

È previsto, al quarto comma, un aumento di pena nel caso in cui l'agente sia un pubblico ufficiale o un incaricato di pubblico servizio. In virtù del quinto comma, le pene sono altresì aumentate se i fatti sono commessi in relazione all'esercizio di attività giudiziarie o per remunerare il pubblico ufficiale o l'incaricato di un pubblico servizio o uno degli altri soggetti di cui all'articolo 322-bis in relazione al compimento di un atto contrario ai doveri d'ufficio o all'omissione o al ritardo di un atto del suo ufficio. Prima della Riforma Nordio, l'allora quinto ed ultimo comma stabiliva comunque una diminuzione di pena ove i fatti fossero «di particolare tenuità»: oggi quel riferimento è sparito.

Va da sé che l'*interesse tutelato* è – come nel *millantato credito* – il buon andamento, l'imparzialità ed il prestigio della P.A., lesi da condotte inequivocabilmente prodromiche alla corruzione. Vi è però differenza col *millantato credito*: nel *traffico di influenze illecite* la 'relazione' col pubblico funzionario non è vantata, ma è realmente esistente. Quindi, lo specifico reato *de quo* non si configura quando la condotta del millantatore, lungi dal tradursi in una mera vanteria di conoscenze e relazioni, integri gli estremi del concorso di reati di corruzione propria o in atti giudiziari. Accanto al denaro non rileva 'qualunque' altra attività, ma solo ed esclusivamente i '*vantaggi di natura patrimoniale*'. Tuttavia, anche in tale figura criminosa il denaro o il diverso vantaggio patrimoniale possono costituire il prezzo della mediazione oppure la remunerazione del pubblico ufficiale.

Quanto all'*elemento soggettivo*, è richiesto il '*dolo generico*' (coscienza e volontà di porre in essere la condotta tipica, accompagnata dalla consapevolezza di ricevere il compenso – o la relativa promessa – come prezzo della propria mediazione per corrompere il pubblico funzionario). Circostanze applicabili, aggravanti ed attenuanti: a) il fatto è commesso da chi riveste la qualifica di pubblico ufficiale o di incaricato di pubblico servizio; b) il fatto è commesso in relazione all'esercizio di attività giudiziarie; c) il reato è attenuato se il fatto è di particolare tenuità.

Di seguito, alcune interessanti massime giurisprudenziali relative alla disposizione in esame, che saranno comunque soggette ad un 'cambio di rotta' dopo la riforma Nordio:

Cass. Pen., Sez. VI, 02.02.2023, sent. n. 16672: «Non è configurabile il reato di traffico di influenze nell'ipotesi in cui, al fine di dare esecuzione ad un accordo corruttivo (nella specie, strumentale ad eludere i controlli di polizia previsti dal codice della navigazione negli scali aeroportuali su somme di denaro, titoli o valori trasferiti all'estero) ed in stretta connessione finalistica e temporale con esso, il pubblico ufficiale corrotto si sia avvalso della collaborazione di altri pubblici agenti, che abbia autonomamente reclutato e remunerato, senza svolgere alcuna intermediazione tra questi ed il privato corruttore»;

Cass. Pen., Sez. VI, 22.03.2022, sent. n. 20935: «In tema di delitti contro la pubblica amministrazione, sussiste continuità normativa tra il reato di millantato credito di cui all'art. 346, comma secondo, cod. pen. - abrogato dall'art. 1, comma 1, lett. s), della legge 9 gennaio 2019, n. 3 - ed il reato di traffico di influenze illecite di cui al novellato art. 346-bis cod. pen., atteso che in quest'ultima fattispecie risulta attualmente ricompresa anche la condotta di chi, vantando un'influenza, effettiva o meramente asserita, presso un pubblico ufficiale o un incaricato di pubblico servizio, si faccia dare denaro ovvero altra utilità per remunerare il pubblico agente»;

Cass. Pen., Sez. VI, 10.03.2022, sent. n. 23407: «Non sussiste continuità normativa tra il reato di millantato credito di cui all'art. 346, comma secondo, cod. pen., abrogato dall'art. 1, comma 1, lett. s), legge 9 gennaio 2019, n. 3, e quello di traffico di influenze illecite di cui al novellato art. 346-bis cod. pen., in quanto, in quest'ultima fattispecie, non risulta ricompresa la condotta di chi, mediante raggiri o artifici, riceve o si fa dare o promettere danaro o altra utilità col pretesto di dovere comprare il pubblico ufficiale o impiegato o doverlo, comunque, remunerare, condotta che integra, invece, il delitto di cui all'art. 640, comma primo, cod. pen.»;

Cass. Pen., Sez. VI, 14.10.2021, sent. n. 1182: «In tema di traffico di influenze, la mediazione onerosa è illecita se l'accordo tra il committente ed il mediatore è finalizzato alla commissione di un illecito penale idoneo a produrre vantaggi indebiti al primo, non assumendo rilievo l'illegittimità negoziale per difformità dal contratto tipico di mediazione ovvero il mero uso di una relazione personale, preesistente o potenziale, tra il mediatore ed il pubblico agente per il conseguimento di un fine lecito»;

Cass. Pen., Sez. VI, 8.07.2021, sent. n. 40518: «In tema di traffico di influenze illecite, il reato non è integrato per effetto della mera intermediazione posta in essere mediante lo sfruttamento di relazioni con il pubblico agente, occorrendo che la mediazione possa qualificarsi come "illecita", tale dovendosi ritenere l'intervento finalizzato alla commissione di un "fatto di reato" idoneo a produrre vantaggi per il privato committente» (infatti, secondo la Corte, quando l'autore è un pubblico ufficiale, il carattere illecito della mediazione è insito nella stessa 'vendita' della funzione per influenzare altri pubblici agenti, rappresentando un atto contrario ai doveri d'ufficio);

Cass. Pen., Sez. VI, 8.06.2021, sent. n. 26437: «Integra il reato di truffa e non quello di millantato credito - oggi confluito nella fattispecie di traffico di influenze - la condotta di chi, al fine di ottenere un indebito vantaggio patrimoniale, millanti di esercitare la propria mediazione presso un pubblico funzionario, che indichi in termini talmente generici da non essere certo il riferimento ad un soggetto che rivesta la qualifica di pubblico ufficiale o di incaricato di pubblico servizio, né potendosi risalire alle mansioni dallo stesso esercitate» (nella fattispecie, avendo l'imputato affermato di intercedere presso una 'persona influente' in Vaticano, non meglio precisata, non fu possibile accertare se questa rivestisse, alla stregua della legislazione di quello Stato, una funzione corrispondente a quella di un pubblico agente);

Cass. Pen., Sez. VI, 7.10.2020, sent. n. 1869: «Sussiste continuità normativa tra il reato di millantato credito, formalmente abrogato dall'art. 1, comma 1, lett. s), della legge 9 gennaio 2019, n. 3, e quello di traffico di influenze di cui al novellato art. 346-*bis* cod. pen., atteso che in quest'ultima fattispecie risulta attualmente ricompresa anche la condotta di chi, vantando un'influenza, effettiva o meramente asserita, presso un pubblico ufficiale o un incaricato di pubblico servizio, si faccia dare denaro ovvero altra utilità per remunerare il pubblico agente»;

Cass. Pen., Sez. VI, 30.04.2019, sent. n. 17980: «Sussiste continuità normativa tra il reato di millantato credito, formalmente abrogato dall'art. 1, comma 1, lett. s), legge 9 gennaio 2019, n. 3, e quello di traffico di influenze di cui al novellato art. 346-*bis* cod. pen., atteso che in quest'ultima fattispecie risultano attualmente ricomprese le condotte di chi, vantando un'influenza, effettiva o meramente asserita, presso un pubblico ufficiale o un incaricato di pubblico servizio, si faccia dare denaro ovvero altra utilità quale prezzo della propria mediazione»;

Cass. Pen., Sez. VI, 23.11.2017, sent. n. 53332: «Il reato di traffico di influenze illecite (art. 346 *bis* c.p.) si distingue da quello di millantato credito (art. 346 c.p.), essenzialmente per il fatto che nel primo, a differenza che nel secondo, le relazioni tra il mediatore ed il pubblico agente debbono essere effettivamente esistenti e tali da rendere oggettivamente possibile la illecita attività di mediazione; del che dev'essere consapevole, per rispondere del reato, anche colui che dà o promette al mediatore denaro o altro vantaggio patrimoniale» (in applicazione di tale principio, la Corte ha ritenuto che fosse configurabile il reato di cui all'art. 346-*bis* c.p. – traffico di influenze illecite - e non quello di cui all'art. 346 c.p. – millantato credito - in un caso in cui un ufficiale di polizia giudiziaria, avendo ricevuto una denuncia di reato da parte di un privato, aveva chiesto e ottenuto da quest'ultimo la corresponsione di una somma di danaro con la quale, a suo dire, avrebbe dovuto comprare il favore del sostituto procuratore della Repubblica che aveva in carico il procedimento, onde far sì che lo stesso venisse portato avanti con sollecitudine);

Usurpazione di funzioni pubbliche

Tale delitto è disciplinato dall'art. 347 c.p., il quale stabilisce che chiunque usurpa una funzione pubblica o le attribuzioni inerenti ad un pubblico ufficiale è punito con la reclusione fino a 2 anni (primo comma). Alla stessa pena soggiace il pubblico ufficiale o l'impiegato che, avendo ricevuto partecipazione del provvedimento che fa cessare o sospendere le sue funzioni o le sue attribuzioni, continua ad esercitarle (secondo comma). La condotta importa la pubblicazione della sentenza (terzo comma).

Di seguito, alcune interessanti pronunce relative alla disposizione in esame:

Cass. Pen., Sez. VI, 26.06.2019, sent. n. 27992: «Le guardie particolari giurate delle associazioni zoofile riconosciute, nominate con decreto prefettizio, rivestono la qualifica di agenti di polizia giudiziaria anche nel caso in cui svolgano attività di vigilanza sulla fauna selvatica» (nella fattispecie la Corte ha annullato - senza rinvio - la sentenza di condanna per il reato di usurpazione di pubblica funzione, emessa nei confronti di una guardia zoofila volontaria che aveva eseguito attività ispettive, sopralluoghi e sequestri in materia disciplinata dalla legge 157/1992, relativa alla tutela degli uccelli);

Cass. Pen., Sez. VI, 12.11.2012, sent. n. 43789: «Integra il reato di usurpazione di funzioni pubbliche la condotta del consigliere comunale che partecipi alle sedute del Consiglio nonostante l'intervenuta conoscenza del provvedimento amministrativo che lo abbia dichiarato decaduto dalla carica, sebbene non avvenuta nelle forme della notificazione»;

Cass. Pen., Sez. VI, 30.12.2011, sent. n. 48745: «Per la configurabilità del reato di usurpazione di funzioni pubbliche è richiesto il dolo generico, che consiste nella volontà di assumere ed esercitare la funzione pubblica sapendo di non esserne autorizzato, mentre lo scopo e i motivi che hanno indotto l'agente ad usurpare la pubblica funzione possono essere considerati solo ai fini della determinazione della pena»;

Cass. Pen., Sez. VI, 21.12.2005, sent. n. 46826: «È configurabile il reato di usurpazione di funzioni pubbliche, concorrente con quello di truffa, nel caso di soggetto il quale, presentandosi presso esercizi commerciali con la falsa qualifica di appartenente al corpo della Guardia di Finanza e mostrando di dover effettuare controlli fiscali, ottenga, gratuitamente o a prezzo ridotto, la consegna di merci, nulla rilevando, ai fini di una possibile esclusione del primo di detti reati, la circostanza che l'agente non abbia in realtà svolto alcun atto tipico della funzione corrispondente alla suindicata qualifica, ma si sia limitato, al solo fine di rendere maggiormente credibile l'autoattribuzione della medesima, alla fugace esibizione di un tesserino e ad una rapida scorsa ai registri fiscali».

Reazione legittima ad atti arbitrari del pubblico ufficiale

La '*reazione legittima ad atti arbitrari del pubblico ufficiale*' è disciplinata dall'art. 393-*bis* c.p., il quale stabilisce che non si applicano le disposizioni sulla violenza o minaccia a un pubblico ufficiale, sulla resistenza a pubblico ufficiale, sulla violenza o minaccia a un Corpo politico, amministrativo o giudiziario o ai suoi singoli componenti, e le relative aggravanti, nonché la circostanza aggravante degli atti intimidatori di natura ritorsiva ai danni di un componente di un Corpo politico, amministrativo o giudiziario, sull'oltraggio a un Corpo politico, amministrativo o giudiziario e sull'oltraggio a magistrato in udienza quando sia stato proprio il pubblico ufficiale a dare causa al fatto previsto nelle disposizioni che disciplinano le predette fattispecie di reato, eccedendo con atti arbitrari i limiti delle sue attribuzioni. Cass. n. 46743/2013 ha chiarito che, in questo caso, è esclusa la tutela del pubblico ufficiale che se ne dimostri indegno: pertanto, la disposizione in esame trova applicazione solo in rapporto ad atti che oggettivamente concretino condotte arbitrarie (e non soltanto, quindi, nelle opinioni dell'agente).

Sulla reazione legittima ad atti arbitrari del pubblico ufficiale, Cass. Pen., Sez. VI, 12.05.2011, sent. n. 18841, ha altresì chiarito che «È configurabile l'esimente della reazione ad atti arbitrari del pubblico ufficiale qualora il privato opponga resistenza al pubblico ufficiale che pretenda di sottoporlo a perquisizione personale finalizzata alla ricerca di armi e munizioni in assenza di elementi obiettivi idonei a giustificare l'atto, e dopo averlo accompagnato coattivamente in caserma in ragione del precedente rifiuto non già di declinare le generalità, ma di esibire i documenti di identità».

Di seguito, altre interessanti massime relative alla disposizione in esame:

Cass. Pen., Sez. II, 01.02.2023, sent. n. 22903: «Sussiste la causa di giustificazione di cui all'art. 393-bis cod. pen. in forma putativa nel solo caso in cui ricorra un effettivo errore sul fatto, che deve basarsi non su un mero criterio soggettivo, ma su dati fattuali concreti, che l'imputato ha l'onere di allegare, tali da giustificare, in base a una valutazione "ex ante", l'erroneo convincimento, in capo all'agente, di trovarsi in tale stato»;

Cass. Pen., Sez. V, 25.10.2021, sent. n. 45245: «L'art. 393-bis cod. pen. prevede una causa di giustificazione fondata sul diritto soggettivo del privato di reagire all'atto arbitrario del pubblico ufficiale, che è configurabile anche nella forma putativa di cui all'art. 59, comma quarto, cod. pen., quando il soggetto versi nel ragionevole convincimento di essersi trovato, a causa di un errore sul fatto, di fronte ad una situazione che, se effettiva, avrebbe costituito atto ingiustamente persecutorio del pubblico ufficiale, non potendo rilevare, invece, l'errore di diritto.

—

Ai fini della configurabilità della scriminante di cui all'art. 393-bis cod. pen., l'atto del pubblico ufficiale può ritenersi arbitrario allorché sia del tutto ingiustificato o persecutorio, ovvero abusivo e sproporzionato in relazione alla situazione nella quale il funzionario è chiamato a porlo in essere, ovvero quando, pur essendo sostanzialmente legittimo, sia incongruente rispetto alle modalità impiegate e alle finalità da perseguire, a causa della violazione dei doveri minimi di correttezza che devono caratterizzare l'agire dei pubblici ufficiali».

Oltraggio a un magistrato in udienza

Il delitto di '*oltraggio a un magistrato in udienza*' è disciplinato dall'art. 343 c.p., il quale stabilisce che chiunque offenda l'onore ed il prestigio di un magistrato in udienza è punito con la reclusione da 6 mesi a 3 anni (primo comma). Se l'offesa consiste nell'attribuzione di un fatto determinato, la pena è della reclusione da 2 a 5 anni (secondo comma). Se il fatto è commesso con violenza o minaccia le pene sono aumentate (terzo comma).

Di seguito, alcune interessanti massime relative alla disposizione in esame:

Cass. Pen., Sez. VI, 06.06.2022, sent. n. 24774: «In tema di oltraggio a magistrato in udienza, integra l'aggravante della minaccia la prospettazione di una denuncia diretta a fare desistere il magistrato da un comportamento ritenuto illegittimo, laddove non sia correlata in modo plausibile al diritto   preteso.

—

In tema di oltraggio a magistrato in udienza, rientrano nella nozione di legittimo esercizio del diritto di critica le espressioni e gli apprezzamenti che investano la legittimità o l'opportunità degli atti dal medesimo compiuti, non anche quelli rivolti alla persona del magistrato»;

Cass. Pen., Sez. VI, 29.03.2022, sent. n. 18486: «Ai fini dell'integrazione del delitto di cui all'art. 343 cod. pen., deve ritenersi che il magistrato si trovi in "udienza" ogni volta che sia presente nel luogo deputato alla celebrazione della stessa, anche se intento a compiere atti preparatori al giudizio o conseguenti allo stesso»;

Cass. Pen., Sez. V, 14.09.2020, sent. n. 31267: «In tema di oltraggio a magistrato in udienza, la scriminante di cui all'art. 393-*bis* cod. pen. presuppone il compimento di un'attività arbitraria o ingiustamente persecutoria del magistrato che, eccedendo i limiti delle proprie attribuzioni funzionali, fuoriesca del tutto dalle ordinarie modalità di esplicazione del "*munus*" pubblico demandatogli nei confronti delle parti e dei difensori, la cui reazione, in presenza di un atto oggettivamente illegittimo, non è punibile solo se strettamente proporzionale all'esigenza di esercitare un proprio diritto»: nella fattispecie, la Corte ha escluso la scriminante, anche in forma putativa, in relazione alla condotta denigratoria ed aggressiva posta in essere da un avvocato nei confronti del giudice di pace che, in aula, mimando il gesto di mettersi le mani sulle orecchie, aveva manifestato l'intenzione di non voler ascoltare oltre;

Cass. Pen., Sez. I, 2.03.2011, sent. n. 14591: «Integra il delitto di oltraggio a magistrato in udienza il rivolgere poco lusinghieri apprezzamenti con frasi allusive a sfondo sessuale nei confronti dei vice procuratore onorario di udienza, così offendendo il suo onore e decoro, seppure nel periodo di attesa della deliberazione della sentenza, in cui il magistrato del pubblico ministero, in assenza del giudice, svolge le funzioni di disciplina dell'udienza»;

Cass. Pen., Sez. VI, 31.03.2009, sent. n. 14201: «Integra il delitto di oltraggio ad un magistrato in udienza la condotta dell'imputato che rivolga frasi offensive all'indirizzo del P.M., definendolo "ignorante" nella materie specialistiche oggetto dell'istruttoria dibattimentale»;

Cass. Pen., Sez. VI, 27.04.2006, sent. n. 14597: «Nel reato di oltraggio a magistrato in udienza deve ritenersi persona offesa anche il magistrato»;

Cass. Pen., Sez. VI, 19.01.2006, sent. n. 2253: «Integra il delitto di oltraggio a magistrato in udienza la condotta del difensore che, subito dopo la lettura della sentenza che definisce il processo penale nel quale ha svolto la propria funzione, esprime davanti al collegio giudicante il proprio dissenso per la decisione adottata» (nella concreta fattispecie il difensore, al termine dell'udienza di appello, aveva rivolto un invito ai giudici - pubblicamente ed in loro presenza - ad un corretto esercizio della professione);

Cass. Pen., Sez. VI, 5.05.2004, sent. n. 21112: «Ai fini della configurabilità del reato di oltraggio a magistrato in udienza, non rientrano nell'ambito del legittimo esercizio del diritto di critica gli apprezzamenti rivolti non al merito dell'atto del magistrato (o, in genere, al contesto processuale), ma alla sua persona»);

Cass. Pen., Sez. VI, 1.10.2003, sent. n. 37383/2003: «La ratio dell'art. 343 c.p. è la tutela dello Stato nell'esercizio della funzione giudiziaria ed il reato sussiste quando tale interesse viene leso con espressioni di scherno e gravemente minacciose indirizzate a chi in quel momento esercita la funzione».

Oltraggio a pubblico ufficiale

Il delitto di *'oltraggio a pubblico ufficiale'* è disciplinato dall'art. 341-*bis* c.p., il quale stabilisce che chiunque, in luogo pubblico o aperto al pubblico, ed in presenza di più persone, offende l'onore e il prestigio di un pubblico ufficiale mentre questi compie un atto d'ufficio, è punito con la reclusione da 6 mesi a 3 anni (primo comma). In virtù del secondo comma, la pena è aumentata (fino ad 1/3) se l'offesa consiste nell'attribuzione di un fatto determinato, ma se la verità del fatto è provata o se per esso l'ufficiale a cui il fatto è attribuito è condannato dopo l'attribuzione del fatto medesimo, non è punibile l'autore dell'offesa. Il terzo comma, chiudendo la disposizione, stabilisce che il reato è estinto ove l'imputato, prima del giudizio, abbia integralmente riparato il danno, mediante risarcimento di esso sia nei confronti della persona offesa sia nei confronti del suo Ente di appartenenza.

Trattasi di una fattispecie di reato che può gravemente danneggiare l'immagine della Pubblica Amministrazione. È quindi punita – in qualunque modo si manifesti – l'offesa all'onore (ossia alle qualità morali della persona) ed al prestigio del pubblico ufficiale. È necessario che il fatto sia commesso in presenza di più persone e in luogo pubblico o aperto al pubblico. È poi richiesta una relazione causale o temporale tra l'offesa e la qualifica funzionale del soggetto passivo. Quanto all'elemento soggettivo, la fattispecie è punibile a titolo di *'dolo generico'* (coscienza e volontà della condotta, accompagnata dalla consapevolezza - nell'agente - della potenzialità oltraggiosa della frase pronunciata e della volontà di rivolgerla *'al pubblico ufficiale'*).

Di seguto, alcune interessanti massime in merito alla fattispecie in esame:

Cass. Pen., Sez. VI, 02.02.2023, sent. n. 11345: «Ai fini della configurabilità del delitto di oltraggio a pubblico ufficiale, la stanza d'ufficio del sindaco, destinata allo svolgimento delle attività istituzionali, deve considerarsi luogo aperto al pubblico, stante la possibilità pratica e giuridica di accedervi per un numero non predeterminato di soggetti, benché selezionati dal titolare dell'ufficio, il quale non è investito di un incondizionato "ius excludendi"»;

Cass. Pen., Sez. VI, 16.03.2022, sent. n. 15871: «Ai fini dell'esclusione del reato di oltraggio, costituiscono lecita manifestazione del diritto di critica le espressioni che siano immediatamente percepite come un giudizio che investe il provvedimento posto in essere dal pubblico ufficiale; allorché, invece, la critica non si ponga in un rapporto di immediatezza con l'operato del pubblico agente ma sia indirizzata alla sua persona, con espressioni munite di vigore offensivo e idonee a sminuirne la dignità, non si verte più nei limiti consentiti di un dissenso scriminato»;

Cass. Pen., Sez. VI, 09.06.2021, sent. n. 30136: «In tema di oltraggio, l'offesa all'onore ed al prestigio del pubblico ufficiale deve avvenire alla presenza di almeno due persone, tra le quali non possono computarsi quei soggetti che, pur non direttamente attinti dall'offesa, assistano alla stessa nello svolgimento delle loro funzioni»;

Cass. Pen., Sez. VI, 17.12.2019, sent. n. 50996: «In tema di oltraggio a pubblico ufficiale, la causa di estinzione del reato di cui all'art. 341-*bis*, comma terzo, cod. pen. trova applicazione a condizione che il risarcimento del danno sia integrale, avvenga nei confronti della persona offesa e dell'ente di appartenenza della medesima e sia effettuato prima del giudizio, in quanto la sua previsione ha carattere deflattivo e la concreta operatività non può essere rimessa a una scelta di opportunità dell'imputato, maturata all'esito dello svolgimento del dibattimento»;

Cass. Pen., Sez. VI, 5.09.2018, sent. n. 39980: «Il reato di oltraggio, previsto dall'art.341-bis cod. pen., non è assorbito, bensì concorre con il delitto di resistenza a pubblico ufficiale, anche qualora la condotta offensiva sia finalizzata allo scopo di opporsi all'azione del pubblico ufficiale, in quanto la condotta ingiuriosa non è elemento costitutivo del reato previsto dall'art. 337 cod. pen.» (nella fattispecie l'imputato, dopo aver ingiuriato i pubblici ufficiali con espressioni offensive riferite alla loro appartenenza alla Polizia di Stato, li minacciava di morte al fine di opporsi alla richiesta di mostrare i documenti e di farsi identificare);

Cass. Pen., Sez. VI, 7.06.2018, sent. n. 26028: «Ai fini della configurabilità del delitto di oltraggio a pubblico ufficiale, la cella e gli ambienti penitenziari sono da considerarsi luogo aperto al pubblico, e non come luogo di privata dimora, non essendo nel "possesso" dei detenuti, ai quali non compete alcun "ius excludendi alios"; tali ambienti, infatti, si trovano nella piena e completa disponibilità dell'amministrazione penitenziaria, che ne può fare uso in ogni momento per qualsiasi esigenza d'istituto» (la Corte ha aggiunto che, ai fini della qualificazione dell'ambiente come luogo aperto al pubblico, è essenziale la sua destinazione alla fruizione di un numero indeterminato di soggetti che, in presenza di determinate condizioni, hanno la possibilità – *pratica e giuridica* - di accedervi, essendo, invece, irrilevante che l'accesso dei detenuti sia coattivo e volto a soddisfare un interesse pubblico: cfr. ivi, in motivazione);

Cass. Pen., Sez. VII, 4.05.2017, ord. n. 21506: «Ai fini del delitto di oltraggio a pubblico ufficiale, la cella e gli ambienti penitenziari sono da considerarsi luogo aperto al pubblico, non essendo nel "possesso" dei detenuti, ai quali non compete alcun "ius excludendi alios"; tali ambienti, infatti, si trovano nella piena e completa disponibilità dell'amministrazione penitenziaria, che ne può fare uso in ogni momento per qualsiasi esigenza d'istituto»;

Cass. Pen., Sez. VI, 2.12.2006, sent. n. 51613: «Ai fini della configurabilità del reato di oltraggio a pubblico ufficiale, quale ora previsto dall'art. 341 bis c.p., per un verso, l'obiettiva capacità offensiva di determinate espressioni verbali non può dirsi elisa dalla facilità e dalla frequenza con le quali esse vengono adoperate, ben potendo le medesime dar luogo alla riconoscibilità del reato quando siano inserite in un contesto che esprima, senza possibilità di equivoci, disprezzo e disistima per le funzioni del pubblico ufficiale; per altro verso, una critica, anche accesa, nei confronti del pubblico ufficiale non può essere considerata penalmente rilevante se non quando sia tale da minare la dignità sociale del destinatario e, attraverso di lui, la considerazione della pubblica amministrazione che egli, in quel momento, impersona»;

Cass. Pen., Sez. I, 18.10.2013, sent. n. 42900: «Non può ravvisarsi continuità normativa tra le due figure di illecito penale di oltraggio a pubblico ufficiale, l'una abrogata per effetto dell'art.18 legge n. 205 del 1999, l'altra introdotta dalla legge n. 94 del 2009, sia per la diversità strutturale e la differente tipologia di azione necessaria ad integrare il reato, sia per il notevole distacco temporale tra abrogazione della precedente fattispecie ed introduzione della nuova».

INFORMAZIONI SULL'AUTORE

Angelo Giannattasio è un avvocato con la passione per la ricerca storico-giuridica e per la scrittura. Il suo studio legale si occupa principalmente di questioni relative a responsabilità medica, nonché di consulenze in ambito giuridico, valendosi della partnership professionale con studi notarili e commerciali, nonchè di consulenti medico-legali e tecnici in genere.

Esclusione di responsabilità e diritti d'autore

Quest'opera è stata creata e scritta col massimo impegno, al meglio delle conoscenze e convinzioni. Per l'attualità, la completezza e la qualità delle informazioni, l'Autore non si assume responsabilità, dal momento che essa si basa sull'esame di mere fonti normative 'così come esse sono'. Inoltre, non sono escludibili errori di stampa e disinformazione. L'Autore non accetterà nessuna responsabilità legale per informazioni errate da lui scritte.

Quanto ai diritti d'autore, i contenuti di questo lavoro, nonché le informazioni, sono protetti da copyright. Qualsiasi ristampa o riproduzione, anche per estratto, in qualsiasi forma, come fotocopie o simili, archiviazione, duplicazione, elaborazione, distribuzione con sistemi elettronici di qualsiasi tipo (anche se parziali) è vietata senza espressaautorizzazione scritta dell'autore. Tutti i diritti sono riservati. I contenuti non possono in alcun caso essere pubblicati. L'autore si riserva il diritto di intraprendere un'azione legale.

Seconda edizione.
Tutti i diritti sono riservati.

Non è consentita la riproduzione, neppure per estratto. Nessuna parte di quest'opera può essere riprodotta o distribuita sotto alcuna forma senza il permesso scritto dell'autore.